Paracelse

de la magie

Paracelse

de la magie

introduction, traduction,
notes et commentaires
de
Lucien BRAUN

1998
PRESSES UNIVERSITAIRES DE STRASBOURG

ISBN 2-86820-695-6
© by Presses Universitaires de Strasbourg
Palais Universitaire - 9, place de l'Université
67000 STRASBOURG

> *magic has a broad significance and a long history*
> Lynn Thorndike

Avant-propos

Se trouvent réunis ici – traduits pour la première fois en français – quatre textes de Paracelse sur la magie. L'historien des idées, et plus particulièrement l'historien de la Renaissance (époque durant laquelle le merveilleux, le magique, l'occulte occupaient intensément les esprits) peuvent y trouver un intérêt ; le philosophe aussi et le théologien dans la mesure où les « justifications » de la magie par Paracelse représentent une contribution non négligeable à la connaissance de la nature humaine, d'une part, de la cosmologie paracelsienne, d'autre part.

Mais, plus directement, ces textes introduisent au cœur même de la pensée paracelsienne : la magie l'occupe tout entière, ainsi que l'interrogation, jamais achevée, qui naît de la confrontation entre le merveilleux de la tradition religieuse et mythique et les tentatives répétées de lui trouver, à partir de cette vision magique, une explication plausible pour l'esprit. Ce combat – véritable gigantomachie spéculative – aboutit à un des concepts les plus énigmatiques de l'univers de pensée paracelsien, celui de la foi (qui n'a rien de commun avec la foi du croyant chrétien ;

on pourrait même affirmer que la forme de celle-ci est la moins révélatrice de la profondeur abyssale de celle-là).

Mais le texte de Paracelse n'est pas aisément intelligible ; non seulement à cause des termes utilisés, souvent surprenants, mais surtout par son inscription dans une vision d'ensemble originale qui n'est pas familière. L'*introduction* aux textes présentés essaie de fournir les rudiments indispensables à leur intelligence.

Enfin, des *notes et commentaires* ponctuels, accompagnent les textes dans leur exposition même ; ils sont destinés à éclairer des passages ou des expressions localement obscurs ou ambigus.

Introduction

Les chiffres romains renvoient au volume de l'édition Sudhoff des *Œuvres* de Paracelse, les chiffres arabes renvoient à la page du volume mentionné.

ASTRONOMIA MAGNA:
Oder

Die gantze Philosophia sagax der grossen vnd kleinen Welt / des von Gott

hocherleuchten / erfahrnen / vnd bewerten teutschen Philosophi vnd Medici / Philippi Theophrasti Bombast / genannt Paracelsi magni.

Darinn er lehrt des gantzen natürlichen Liechts vermögen / vnd vnuermögen / auch alle Philosophische / vnd Astronomische geheimnussen der grossen vnd kleinen Welt / vnd deren rechten brauch / vnd mißbrauch / Zu dem andern / die Mysteria des Himlischen Liechts / Zu dem dritten / das vermögen des Glaubens / Vnd zum vierdten / was die Geister durch den Menschen wircken / etc. Vor nie in Truck außgangen.

Mit Röm. Keyſ. Maieſt. gnad vnd freyheit auff 10. Jar.
M. D. LXXI.

Cette autre vision du monde.

Lorsque Paracelse rédige ses textes sur la magie – autour des années 1535-1538 – la croyance à la magie est générale. Cela ne signifie pas que l'on ait pour autant une idée claire de l'objet de cette croyance. On a plutôt affaire à un fond continu d'opinions concernant des savoirs secrets ou des opérations occultes, présent en l'imaginaire d'un chacun ; d'autant plus présent que la pensée officielle n'a aucune prise sur lui. La magie va de soi ; elle fait partie de l'évidence de l'époque.

On croit aux statues qui parlent et aux apparitions, aux effets bénéfiques des pentacles et des pierres gravées, aux sorciers et aux démons, aux signes annonciateurs d'événements à venir... Spontanément on accorde créance à tout ce qui paraît merveilleux, aux faits extraordinaires rapportés par les uns, répétés par les autres, et auxquels font écho, par ailleurs, les récits bibliques eux-mêmes.

L'alchimie, l'astrologie et la magie constituent trois titres sous lesquels on peut regrouper ces pratiques et ces comportements. Toutefois la connaissance qu'on en a – de leur réalité, de leur importance, de leurs effets – n'est pas comparable à celle que nous fournit de cette époque l'histoire des églises, l'histoire des événements politiques, scientifiques ou littéraires, voire l'histoire des sectes, infiniment plus élaborées ; c'est que la magie est non seulement polymorphe et polysémique, mais relève plus d'une vision du monde que d'une phénoménalité objectivable : moins on définit l'idée de magie, plus elle envahit les pensées. Ce fond, au contenu mal cerné et mal cernable, perdurera en fait jusqu'aux Temps modernes, jusqu'à la nouvelle vision des choses issue de Galilée et de Descartes ; celle-ci, formulée en termes désormais clairs et intelligibles, constitue un point d'arrêt à cet englobant magique instillant jusque là, en chaque esprit, un grain incoercible de crédulité.

C'est pourtant sur ce fond, affleurant de partout selon des formes diverses, que s'édifie l'œuvre de Paracelse. C'est le terreau sur lequel elle croît. On est loin des philologues et des humanistes, ses contemporains, qui brillent par l'érudition et par leur parfaite connaissance de l'Antiquité. *Paracelse ne fut pas un érudit.*

On aurait, en effet, pu imaginer qu'il discutât pied à pied les conceptions de la magie alors connues, celles de Marsile Ficin ou de Pic de la Mirandole (XVe siècle) par exemple, ou celles de Pomponace et d'Agrippa de Nettesheim plus contemporaines. Il n'en fut rien. Il n'a même pas retenu une conception qu'il aurait privilégiée pour la développer plus avant. Non ; sa pensée s'est nourrie de tout ce qu'il avait appris en ses pérégrinations ; non en érudit, mais en familier des auberges et en itinérant curieux : il conservait en son esprit et réchauffait au feu de son imagination tous les récits merveilleux et d'étonnantes pratiques glanés tout au long de ses incessants voyages.

Introduction

Si nous nous référons aux remarques éparses en son œuvre, il nous est en quelque sorte possible de faire l'inventaire de ce qu'il doit à ce qui était alors devenu le bien commun d'une époque. S'il n'a pas lu les auteurs, il a du moins entendu parler de Trithème, de Reuchlin, d'Agrippa, puisqu'il les cite ; mais il n'en a retenu que ce qui lui importait. Il savait que Hildegarde de Bingen utilisait les pierres précieuses dans le soin de ses malades, que Reuchlin et Arnaud de Villeneuve croyaient à l'efficacité des lettres et des chiffres, qu'Isidore de Séville attachait foi aux formations atmosphériques annonciatrices de malheurs, que Jérôme Cardan, médecin comme lui, avait spéculé sur les nombres, etc. – autant de notations disséminées en ses écrits et émergeant au gré des développements.

Dès lors il paraît clair que l'originalité de la pensée de Paracelse – s'agissant de la magie – réside moins dans le *contenu* de ses affirmations que dans la *démarche* qu'il inaugure. Son intention (spéculative) est avant tout d'assurer aux phénomènes magiques un *fondement,* un sol les légitimant. Au lieu de simplement énumérer ou décrire, il veut fonder, c'est-à-dire manifester la plausibilité des phénomènes, les faire paraître sur fond d'une philosophie de la nature (exposée dans la *Grande astronomie)* et montrer comment ils en découlent et comment s'explique, à partir de là, les mystérieux pouvoirs prêtés au mage.

Si conformément à sa fameuse devise (*alterius non sit qui suus esse potest*), Paracelse prétend ne rien devoir qu'à lui-même (et non aux autres), cela est manifestement faux pour ce qui est de l'évocation et de l'énumération des opérations magiques : sous ce rapport il doit tout à son époque ; il parle comme elle et est aussi crédule qu'elle. Par contre, la démarche de *justification* – pour utiliser son terme – lui est propre.

Toutefois cette opération de reprise spéculative ne constitue pas une simple opération formelle, ou une remise en forme purement rhétorique : étant fondatrice elle conduit Paracelse à questionner aux limites, et à repenser ce que les discours sur la magie avaient alors plus ou moins recouvert de leur manteau de lieux communs. C'est aux limites que se joue le partage entre paganisme et Christianisme (surtout d'un Christianisme tard venu en pays germaniques). Cette avancée aboutira à l'idée de foi naturelle – ce qui n'assurera pas à Paracelse une situation confortable dans le camp des bien-pensants ; ni alignement orthodoxe, ni invention d'une nouvelle église, mais positionnement inédit : retrouver Dieu selon l'esprit dans l'intimité même de la nature.

On ne comprendrait toutefois pas l'effervescence alors régnante et l'agitation des esprits si on négligeait le facteur religieux : les pratiques et les conclusions induites par ces croyances n'ont pas manqué de susciter la méfiance, voire l'hostilité du magistère des églises. Toutefois l'autorité religieuse, divisée et plurielle, ne portait pas, d'une localité à l'autre, d'une église à l'autre, des jugements identiques sur ces activités menées en marge, le plus souvent en secret. Et il en allait de même en ce qui concerne les autorités civiles.

Les responsables – tant religieux que civils – avaient incontestablement le sentiment qu'une partie des savoirs et une partie du pouvoir allait leur échapper s'ils laissaient se développer sans intervenir ces pratiques et ces obscures recherches. Leur défiance entraîna des menaces, des mises en demeure, des condamnations. Pourtant, nonobstant les dangers, ces idées et ces désirs mal définis ne cessèrent d'occuper toutes les couches du corps social – non seulement les médecins et les physiciens, mais aussi les dignitaires de l'Eglise officielle et les hommes d'Etat, c'est-à-dire ceux-là mêmes qui se méfiaient de ces nouveaux savoirs ou qui les condamnaient.

L'alchimie et les idées qui en dérivent ont alimenté, de cette manière et de façon continue, les pensées : du milieu du XVIe siècle à 1660, les esprits en demeurent marqués. Mais c'est la magie qui, dans ce bouillonnement des idées et des recherches, représente l'intérêt le plus large (et souvent le plus trouble) : du mage qui sollicite les forces secrètes de la nature, au sorcier qui invoque les esprits maléfiques, à l'homme du commun qui porte amulettes et talismans, se trouve alors désigné un vaste univers de puissances occultes – aussi fascinant qu'inquiétant.

Il nous est difficile, aujourd'hui, de nous faire une idée juste des mentalités et des croyances des acteurs de cette époque : nous sommes déterminés par notre façon de penser qui s'impose à nous comme allant de soi. On ne s'interroge pas sur ce qui passe pour évident. Or, à la Renaissance, l'évidence est la croyance en l'omniprésence de puissances magiques dans le monde. Cette croyance commande alors les jugements et les perceptions : une chose n'est jamais perçue comme telle et pour elle-même, mais toujours aussi comme invitation vers autre chose – vers la force qui s'y déploie, vers l'invisible qui l'habite, vers le mystère qui s'y cache… La perception est authentiquement *per*-ception, c'est-à-dire saisie, *à travers* ce qui est vu et entendu, d'une réalité qui précisément n'est pas *res*, chose parmi les choses. Cette surprise dans le donné d'un au-delà du donné est à l'opposé de notre manière à nous de percevoir et de dominer les choses par le *concept* et la *mesure*.

Pour les hommes de cette époque le monde est, de ce fait, foncièrement fluide, n'étant pas stabilisé par une représentation a priori de la nature des choses ; il est par conséquent difficile à déterminer et à conceptualiser : tout y demeure possible, ouvert, la nature étant imprévisible et tous les jours surprenante. Cette dimension insécurisante conduit l'individu à se concilier forces et pouvoirs secrets, en prononçant des formules, en portant des talismans, en invoquant des esprits (anges ou démons), etc.

Pour se démarquer de ces pratiques populaires, les penseurs les plus perspicaces – dont Paracelse – cherchèrent à élaborer une conception plus approfondie de la magie. L'expression *magie naturelle* est indicative de cet effort. Il s'agissait en somme de « sauver les phénomènes » en en opérant une reprise spéculative et cohérente. Cette tentative aura pour effet de marquer un clivage entre ce qui est recevable et ce qui ne l'est pas, d'une part, et, d'autre part, de modifier l'attitude des autorités : la magie naturelle, débarrassée du spectaculaire et du pittoresque, va progressivement devenir une idée recevable qui ne sera plus forcément incompatible avec une pensée religieuse en train de se redéfinir elle-même.

Malgré ces efforts de redéfinition, l'idée de magie demeure complexe et plurivoque, même au sein des spéculations savantes. C'est qu'il n'existe pas de définition de la magie qui fasse l'accord des esprits. Le néoplatonisme (revivant) aidant, certains auteurs se plurent à y voir « la suprême sagesse » (Marsile Ficin) ; les cabalistes, eux, furent plus attachés à décrypter des messages cachés attachés aux lettres et aux nombres, ou à tel passage de l'Ecriture (Reuchlin) ; d'autres, plus sensibles à la puissance interprétative globale de la magie, en firent « l'acmé de la philosophie » (Agrippa), etc. Pour la plupart de ces esprits spéculatifs la magie passait pour la « connaissance intime des choses » ; elle finit par devenir « un chemin d'accès à Dieu ». Mais à quel Dieu ?

Toutefois ces brillantes dissertations n'épuisent pas le contenu de l'idée de magie ; à côté d'elles, et malgré elles, fourmillent et se maintiennent mille et une opinions concernant d'obscures pratiques et de mystérieux pouvoirs secrets. Le *Picatrix,* ce parfait compendium des pratiques magiques de la fin du Moyen Âge, alimente cet indéfinissable fond de croyances qui renvoie plus à *une manière d'exister et de sentir* qu'à une pensée claire.

C'est dans ce contexte mouvant et polysémique que s'inscrit Paracelse, et qu'il inscrit sa conception de la magie – conception originale portée par la volonté de justifier un art souvent incompris, souvent décrié ; et, parallèlement, de célébrer le mage, comme un « appelé » – l'égal du prophète et du saint. Cette singulière position, emblématique de l'histoire des idées de l'époque, traverse l'œuvre de Paracelse de bout en bout à la manière d'un leitmotiv, voire d'une incantation ; elle s'y trouve installée comme idée-force, étayant une vision du monde et de l'homme qui éveille, aujourd'hui encore, notre intérêt ; mais qui ne cesse de nous étonner par sa témérité autant que par son ingénuité.

*

Mais avant d'évoquer et l'œuvre et la méthode, force est de nous poser une question préjudicielle : la démarche de Paracelse est-elle encore intelligible pour nous aujourd'hui ? Sommes-nous encore à même de simplement comprendre la pensée de Paracelse qui obéit à une tout autre logique que la nôtre ? Ne sommes-nous pas tentés, sur fond de l'évidence qui commande nos raisonnements, de rejeter purement et simplement la magie comme une idée extravagante et insensée ?

On peut – on doit – rappeler à ce propos ce qu'écrivait, au début des années 30, un des meilleurs connaisseurs de ce XVIe siècle, concernant l'impression d'étrangeté que nous cause la lecture des auteurs de cette époque, et spécialement celle de Paracelse. « Ce qu'il y a de plus difficile – et de plus nécessaire – lorsque l'on aborde l'étude d'une pensée qui n'est plus la nôtre, c'est moins d'apprendre ce que l'on ne sait pas, et ce que savait le penseur en question, que d'oublier ce que nous savons ou croyons savoir. Il est parfois, ajouterons-nous, nécessaire non seulement d'oublier des vérités qui sont devenues parties intégrantes de notre pensée, mais même d'adopter certains modes, certaines catégories de raisonnement ou du moins certains principes métaphysiques qui, pour les gens d'une époque passée, étaient d'aussi valables et d'aussi sûres bases de raisonnement et de recherche que le sont pour nous les principes de la physique mathématique et les données de l'astronomie.

C'est en oubliant cette précaution indispensable, en cherchant dans Paracelse et les penseurs de son époque des « précurseurs » de notre pensée actuelle, en leur posant des questions auxquelles jamais ils n'ont pensé et auxquelles jamais ils n'ont cherché de réponses que l'on arrive, croyons-nous, et à méconnaître profondément leur œuvre, et à les enfermer dans les dilemmes qui, contradictoires pour nous, ne l'étaient peut-être pas pour eux » (Alexandre Koyré).

Si nous ne voulons pas rejeter la magie comme phénomène absurde, – c'est-à-dire par principe, parce qu'elle ne saurait trouver place dans un univers entièrement régi par une causalité contraignante et rationnelle, – alors force est pour nous de refaire le chemin même de Paracelse, et de nous familiariser avec les principes qui fondent cette pensée : celui de sympathie universelle, par exemple, ou celui du dynamisme spontané de la nature, ou celui de l'imaginaire créateur, ou celui de la correspondance des plans de l'être, etc. En suivant cette autre logique nous découvrirons, avec Paracelse, une vision différente des choses ; mais cohérente, parfaite en elle-même (quoique incompatible avec la nôtre), dont la magie est précisément un des éléments constitutifs – une des pierres d'angle de l'édifice.

Faute de cette référence aux principes fondateurs, les propos sur la magie apparaîtraient, aujourd'hui, comme des affirmations gratuites. Au contraire, « répéter » avec Paracelse les arguments justifiant la magie, comme *connaissance spécifique* et comme *art*, c'est découvrir non seulement un moment d'une authentique anthropologie, mais aussi l'exemple d'une disposition du savoir qui, par contraste, est à même de jeter une lumière nouvelle sur la nôtre.

Introduction

La Grande Astronomie

Les deux premiers textes sur l'art de la magie sont empruntés à l'*Astronomia magna* – œuvre majeure au sein du corpus des écrits paracelsiens. L'ouvrage a été rédigé, probablement par fragments, autour de 1538, c'est-à-dire fort peu d'années avant la mort de Paracelse en 1541 ; et est paru, la première fois à Francfort, en 1571, chez Sigismond Feyerabend. Le titre déjà impressionne :

Astronomia Magna

> *ou toute la philosophie sagace du grand et du petit monde par le très éclairé par Dieu, le très expérimenté et très assuré philosophe et médecin allemand Philippe Théophraste Bombaste appelé Paracelse-le-grand, dans laquelle il enseigne la puissance de la lumière naturelle, tous les mystères philosophiques et astronomiques du grand et du petit monde ainsi que leur licite et illicite usage ; ensuite, les mystères de la lumière céleste ; en troisième lieu, la puissance de la foi ; et, en quatrième lieu, ce que les esprits peuvent accomplir par l'intermédiaire de l'homme, etc. N'a jamais été publiée.*

Les expressions figurant en ce titre doivent nous rappeler, d'entrée de jeu, qu'on ne peut faire correspondre les termes de notre vocabulaire à ceux utilisés par Paracelse. Ces derniers ressemblent souvent aux nôtres, mais signifient tout à fait autre chose. On ne comprend donc pas encore Paracelse si l'on s'en tient à ses expressions littéralement traduites : le texte de Paracelse constitue en fait une véritable langue étrangère. Le terme d'*astronomie* n'a absolument aucun rapport avec ce que nous nommons ainsi de nos jours. Le terme de *philosophie* renvoie à la connaissance de l'invisible nature, et le terme de *sagace* à cette même connaissance lorsque, de cette invisible réalité, elle a pris la juste mesure, etc. Ces expressions se réfèrent à un fond discursif et ontologique qui n'est plus le nôtre. La prudence s'impose.

L'*Astronomie* a pour ambition de manifester et de décrire le domaine entier de l'Astre. Mais comment connaître l'Astre puisqu'il n'est pas chose parmi les choses, ni chose derrière les choses ? « Les étoiles sont visibles, écrit Paracelse, mais elles ne sont pas l'Astre » (XII, 38). L'Astre (que nous écrivons, pour éviter la confusion, avec un A majuscule), c'est toute l'étendue de l'invisible puissance qui traverse et anime le monde visible, qui lui confère vie, intelligence et mouvement ; mais qui n'en est point séparé, au contraire : l'invisible est consubstantiel au visible tout en étant d'essence différente : il n'est pas substance, il est pure activité.

On peut déplorer que pour désigner et nommer cette réalité qui échappe à nos sens, Paracelse ne s'impose aucune rigueur terminologique : il utilise quasi indifféremment les termes de Ciel, de Firmament, de Constellation (*Gestirn*), d'Ether, de Sidus, ainsi que les adjectifs correspondants : céleste, astral, sidéral, spirituel, etc. Cet apparent laxisme est, en fait, le prix à payer pour porter au langage ce qui par définition échappe à toute prise conceptuelle. En fait, c'est la convergence de toutes ces expressions qui est indicative de la réalité à nommer.

Dans cette réalité sidérale une, Paracelse aime à distinguer, pour la commodité, deux sphères d'activité qu'il désigne en recourrant aux métaphores du *haut* et du *bas*. Il y a d'une part l'Astre qui agit dans la Terre et dans les éléments, qui y fait croître les plantes, y mûrit les fruits, et y fait vivre toutes choses qui nous entourent ; qui agit également dans notre chair et y fait battre notre cœur. Il y a, d'autre part, l'Astre d'« en haut », qui est à la racine de nos sens, de notre intelligence, de nos dons et de notre

créativité. C'est aussi l'activité de l'Astre qui allume en nous cette lumière particulière grâce à laquelle nous parvenons à la connaissance des choses.

Mais la puissance de l'Astre n'appartient pas pour autant au plan surnaturel : la lumière qu'elle allume en nous est naturelle (*lumen naturae*). L'Astre éclaire le païen aussi bien que le chrétien. La philosophie naturelle en relève. Mais l'esprit, cette part invisible de l'Astre en nous, est mortel ; à la mort de l'homme il retourne dans l'empire de l'Astre tout comme le corps visible retourne à la Terre et y rejoint les éléments.

C'est le Père qui a institué l'ordre naturel, et donc aussi la puissance sidérale qui anime toute chose en ce monde. La magie naturelle appartient à cet ordre. Toutefois, dans le Livre II de la *Grande Astronomie*, Paracelse expose également l'ordre institué par le Fils, venu sur terre pour annoncer à l'homme une « nouvelle naissance ». C'est le domaine de l'âme qui, elle, n'est pas mortelle comme l'esprit : à la mort de l'homme elle retourne au royaume de l'Esprit qui est éternel pour y survivre. Si l'âme représente en l'homme une réalité nouvelle, différente de son être naturel, la lumière qu'elle apporte ne contrarie en rien – même si elle lui est supérieure – la lumière naturelle, celle du Père. Les deux lumières ne s'opposent pas, au contraire, elles forment une unité (XII, 647) : le Fils n'est pas contre le Père.

C'est donc du *Gestirn*, de *l'Astre*, qu'il est question dans l'*Astronomie* lorsqu'on parle de magie naturelle. Mais la puissance sidérale n'est pas uniforme : elle comporte différentes « religions », selon l'expression de Paracelse, c'est-à-dire différents membres ou différentes articulations. Le véritable astronome, c'est celui qui a la science de toutes les parties. Mais celui qui n'est compétent que dans un domaine, ne doit pas mépriser les astronomes des autres domaines, car toutes les régions de la puissance sidérale sont filles du même père. Ces membres sont au nombre de 9 ; et ce n'est que lorsque les 9 membres sont manifestés et connus, que l'*Astronomie* se trouve fondée et que l'on pourra porter un jugement pertinent (*sagace*) sur chaque membre en particulier et sur l'ensemble en son entier (XII, 496).

C'est pourquoi Paracelse insiste toujours à nouveau sur la finalité de son entreprise : « décrire avec ordre et selon le juste chemin » (X, 638) tout ce qui relève de la réalité sidérale. Cette volonté fait référence à l'abondante littérature de son temps qui, selon le jugement de Paracelse, ne procède pas selon le « juste chemin », et ne sait donc pas faire le départ entre magie et superstition, ni ne connaît la puissance astrale selon ses différentes régions et ses caractères propres. La témérité de Paracelse est d'avoir voulu mener à terme cette entreprise, d'avoir voulu décrire de façon exhaustive cette réalité multiforme et en assurer le fondement en la repensant.

C'est sur fond de ce projet qu'il distingue les *figures*, les *membres* et les *espèces* de l'*Astronomie*. Les figures correspondent aux 4 champs évoqués dans le titre de l'ouvrage publié par Feyerabend : le premier concerne l'Astronomie *naturelle*, le second l'Astronomie *céleste*, le troisième le domaine de la *foi* et le quatrième les puissances *chtoniennes*.

Chaque figure comprend 9 membres : la magie, la nécromancie, la nectromancie, l'astrologie, l'art des signatures, les arts incertains, la médecine adepte, la philosophie adepte et la mathématique adepte. Ces « religions » sont différentes, mais en même temps parentes — comme la faucille est parente de l'épée par le fer. Nous retrouvons ces membres dans chacune des 4 figures. Paracelse s'est proposé de les examiner toutes une à une, ce qui déjà suppose 36 démonstrations ou justifications. Le premier texte sur la magie (cf. texte I) relève de la première figure : il s'agit de la magie naturelle. Mais il y a également un texte sur la magie « céleste » ; il appartient à la deuxième figure (cf. texte II). Etaient également annoncés deux autres textes, l'un sur la magie selon la foi, l'autre sur la magie en rapport avec les esprits infernaux. Ces deux derniers sont perdus pour ce qui est de la magie, ou n'ont jamais été écrits, ou ont été – à cause de leur non-orthodoxie – détruits.

Mais chaque membre comporte à son tour des espèces, c'est-à-dire des spécifications qui confèrent un visage particulier à chaque genre. La magie comprend 6 espèces : la magie concernant les signes, les transformations, les « caractères », les talismans, les images et la cabale. La nécromancie compte 5 espèces, l'astrologie 13, etc. ; une centaine en tout. L'on mesure, à partir de ce projet concernant une seule figure, l'énormité de l'entreprise. Paracelse n'a pas pu la mener à terme : les descriptions de la 3e figure manquent, ainsi que la quasi totalité de la 4e figure. C'est donc dans cette vaste fresque inachevée que s'inscrivent nos deux premiers textes de la *Probatio artis magicae*.

Ces divisions et subdivisions rappellent curieusement les procédés scolastiques (que Paracelse a dénigrés sa vie durant). Elles vont engendrer de fâcheuses répétitions.

L'homme

Le mage est un homme. Mais qu'est l'homme décrit dans l'*Astronomia Magna* ?

Dieu a créé toutes choses de rien, dit Paracelse, sauf l'homme. Ce dernier a été tiré d'une masse, d'un magma formé de toutes les choses qui existaient, et c'est de cet extrait que Dieu a formé l'homme. De là l'idée de microcosme, de petit monde – terme qui figure dans le titre de la *Grande Astronomie*. Elle signifie que l'homme occupe une place à part dans la création ; en lui se répètent tous les moments du grand monde (macrocosme). Tout en lui y fait écho. Il est la quintessence, dit encore Paracelse, extraite des planètes et des étoiles, mais aussi des éléments : du feu il tient la chaleur, de l'air sa respiration, de la terre sa chair, de l'eau ses fluides. Mais c'est de l'Astre qu'il tient son *Gemüt*, sa complexion, sa sensibilité, ses dons.

Extrait du grand monde, il y demeure lié : l'homme élémentaire se nourrit des éléments de la terre ; mais son corps sidéral (invisible) se nourrit de l'Astre ; il en retire, en « aspire » son aliment (X, 650), c'est-à-dire son intelligence, ses dons, son habileté. Mais si l'homme se conserve grâce aux éléments qu'il tire du monde visible, cette dépendance continuée n'est pas simplement factuelle ; elle a une valeur symbolique : elle désigne une forme d'être de l'être humain – une forme d'être qui se répète aussi dans le monde sidéral. Et cette relation a une portée ontologique : la correspondance du visible et de l'invisible dans l'interdépendance du grand et du petit monde nous apprend plus sur la nature humaine, dit Paracelse, que tous les raisonnements de la scolastique : elle nous fait, en effet, entrevoir un fondement, et nous invite à l'approfondir. C'est la recherche de ce fondement qui fait le véritable astronome, l'astronome perspicace (*sagace*).

L'*adepte* est précisément l'initié qui comprend les choses à partir de leur origine. Il sait, par exemple, que l'homme n'apprend jamais de l'homme, mais de l'Astre. Si tous les musiciens disparaissaient de la terre, dit Paracelse, l'Astre serait toujours là pour enseigner encore la musique aux hommes ; et il en va de même de la médecine et des autres arts. Par là se trouve désignée une immédiateté en ce qui concerne l'illumination intérieure de l'homme par la puissance sidérale – un trait typiquement paracelsien. Ennemi de toute hiérarchie, Paracelse refuse les intermédiaires et les médiations. Cette position a de remarquables conséquences en ce qui concerne la conception de la magie, notamment le refus des démons et autres esprits, intermédiaires entre la puissance astrale et le mage – idée longuement développée par Agrippa et ses contemporains – et qui autorisait les étranges cérémonials par lesquels le sorcier invoquait ces esprits médiateurs pour obtenir, par leur intervention, les effets souhaités.

Introduction

L'inverse de l'adepte est l'homme distrait ; par son insouciance, il est devenu sourd à l'injonction de l'Astre au lieu de demeurer, dans la patience, attentif à ce que, jour après jour, il instille en nos cœurs. Car le *Gestirn* ne nous a pas encore fait sentir toutes ses « impressions » (XII, 24) : chaque jour apporte du neuf, que ce soit dans l'ordre des arts, des maladies, des remèdes, des inventions, etc. Il convient par conséquent de ne pas rester attaché aux anciennes doctrines, mais demeurer attentif à ce qu'enseigne l'Astre aujourd'hui ! (XII, 23). On ne peut faire voile avec le vent qu'il a fait la veille ! (VII, 148).

S'il est bien vrai que seul l'Astre instruit et qu'il est actif dans notre être sidéral, il n'est pas moins vrai que c'est dans le corps visible que réside l'œuvre. « L'art est dans l'Astre invisible, écrit Paracelse, mais c'est le corps visible qui est l'instrument qui révèle l'art de l'invisible » (XII, 53). L'art effectif, c'est-à-dire toutes les habiletés et performances humaines manifestées dans le cours du monde visible, supposent une conjonction harmonieuse de « l'instance d'en bas et de l'instance d'en haut », une intimité réussie, pour que les mains et les pieds accomplissent l'insinuation de l'Astre. Dieu agit par sa parole ; l'homme, par contre, agit par ses membres : ce sont eux qui font que dans le monde sensible se montre la puissance du Ciel.

Cette épiphanie de l'invisible dans le visible, si elle doit avoir lieu, suppose une union intime de l'Astre et de l'homme, une disponibilité entière de ce dernier – un laisser-être du *Gestirn* en nous. L'inverse de la disponibilité, c'est la fermeture, le repli de l'homme sur lui-même, la croyance en sa propre puissance. C'est l'erreur des Humanistes. Mais l'homme ne peut rien par lui-même, alors même qu'il est un *centre*. Paracelse introduit ce terme (qui est repris dans le texte sur l'art de la magie) pour désigner un lieu mythique, le lieu par où l'homme « aspire » les forces sidérales, les tire à lui, tout comme le poirier tire à lui tout ce qu'il faut pour croître et fleurir. Le pouvoir d'attraction de l'aimant est souvent utilisé comme métaphore pour désigner la relation de l'homme à la puissance de l'invisible. Ontologiquement, c'est parce que l'homme est tiré du grand monde, qu'il ne peut s'en passer, qu'il y aspire, qu'il en a le désir – qu'il en a la nostalgie, tout comme la femme est désir de l'homme d'où elle est extraite (XII, 44).

En installant ainsi l'homme dans le grand monde, et en le désinsérant pour ainsi dire des réseaux tissés par les conventions, les savoirs et les vanités qui le tenaient prisonnier, Paracelse lui fournit la possibilité de se connaître à partir de ses racines – au grand étonnement (et scandale) des Humanistes érudits pour qui la connaissance de l'homme passe par l'étude et la fréquentation des auteurs du passé. Or, Paracelse va rejeter les textes des Anciens et revendiquer l'immédiateté de la lumière naturelle : la science n'est jamais d'hier ! Le mage serait inconcevable s'il n'agissait dans l'actualité, c'est-à-dire en phase directe avec l'Astre.

Par cette insertion dans le grand monde, et la correspondance qui continue à l'y lier, se trouve définie, en même temps, la vocation de l'homme. Quel bonheur, estime Paracelse, que de pouvoir découvrir jour après jour les merveilles cachées par Dieu dans sa Création ! Vivre dans cette constante révélation est la suprême joie (XII, 319) ; et, ajoute-t-il, ce serait un vrai contentement d'écrire s'il n'y avait une foule de gens qui ne cessent d'obscurcir les deux lumières ! Une secte est née (X, 646) qui a détourné l'homme de l'attention à la nature, et qui s'est mise à disserter de choses auxquelles elle n'entend rien, ce qui a pour conséquence que personne n'a plus le cœur à cultiver l'Astronomie « qui est la plus haute sagesse parmi nous les mortels » (X, 640), et qui est très différente de la prétendue sagesse des hommes, qui est, elle, sans racines, ne reposant que sur l'autosatisfaction d'une raison sans ouverture sur le vaste monde. Comment, dans ces conditions, comprendre le mage qui, lui, est entièrement ordonné à la puissance de l'Astre ?

Introduction

Le mage

L'Astre est en principe présent et consubstantiel à l'ensemble du monde. Toutefois pour devenir efficace dans le monde visible il lui faut un point d'appui, un intermédiaire. Paracelse utilise les termes de *médium* ou de *centre*. Ce point d'appui de l'influence, c'est tel végétal, tel minéral, tel animal, tel homme. La force sidérale passe par eux et devient effective en eux. En l'homme toutefois cet impact est double : l'homme agit, certes, et intervient dans le monde visible par son art ; mais il est également appelé à manifester les merveilles que Dieu a installées au creux des choses. Or, ce décèlement des secrets de la nature est un acte magique. « Celui qui en est capable, celui-là est un mage », écrit Paracelse (XII, 501).

Pourquoi tous les hommes ne se laissent-ils pas envahir par la puissance sidérale et devenir des messagers, des mages ? Peu y parviennent, en effet, freinés ou empêchés qu'ils sont par mille et un obstacles dont Paracelse ne cesse de faire le rappel à travers son œuvre. La paresse, la vanité, la débauche, etc. ne permettent pas à l'invisible puissance d'occuper l'esprit et le cœur des hommes.

Cette idée de disponibilité (laisser l'Astre nous envahir) est évoquée par Paracelse comme le chemin permettant à la vraie nature de l'homme, de tout homme, de se réaliser : se tenir ouvert à l'appel de l'être, pour que ce qui nous porte puisse devenir manifeste en nous, et efficace.

Précisément le mage est l'homme disponible par qui passe la force sidérale et qui, opérant, en rend visibles et palpables les effets. En lui la visitation céleste se fait selon toute son ampleur, selon la plénitude. Non seulement le mage rend cette incursion possible, mais il la désire, la provoque. Selon les termes de Paracelse, il la tire à lui, il l'aspire, la fait descendre en lui. Dès lors rien ne lui est impossible !

Envisagé de la sorte le mage accomplit la vocation même de l'homme, l'humaine destination : il est ce que tout homme *devrait être*. Et nous retrouvons ici un autre thème important de la pensée de Paracelse, l'idée du *devoir-être*. L'alchimiste, personnage typiquement paracelsien, est appelé (c'est sa vocation) à conduire les choses vers leur destination : le minerai vers le fer, le fer vers la faucille ou l'épée, etc. Mais, contrairement au mage, sa vocation demeure liée au *faire*, à la juste conduite de l'entreprise ; il cherche à parfaire. La vocation du mage est d'une autre nature : elle est double et se conjugue selon deux finalités : connaître et manifester.

Connaître est synonyme, chez le mage, de révélation. La surprise de l'intimité naturelle est un acte magique ; car le mage ne connaît pas selon la lettre, il connaît en visionnaire. Dans l'étoile qui paraît là, dans le ciel, il voit plus que ce qui est offert au regard du commun des hommes. Il voit parce qu'il est devenu pour ainsi dire l'Astre lui-même. Dans le simple, il voit la vertu qu'il recèle, parce que la vertu n'y est pas autre chose que la présence de la force sidérale.

Manifester représente le côté spectaculaire de sa façon d'intervenir dans le monde du commun des mortels. Le mage est, en effet, un personnage hors normes : il accomplit des actes qui contrastent avec le cours ordinaire de la nature. Il enferme dans la gemme qui est devant lui un pouvoir qui lui vient de l'Astre ; ou bien il communique avec une personne qui se trouve à mille lieux de distance ; et même il lui arrive de transformer un corps en un autre…

Son intervention dans le monde visible est spectaculaire, est spectacle. Elle surprend. Il y a irruption dans l'espace commun de phénomènes imprévus, improbables et de plus, pour le commun des hommes, inexpliqués – ce qui ne manque pas de susciter chez les observateurs les commentaires les plus divers : commerce avec le diable, appel aux esprits maléfiques, sorcellerie, etc. C'est cette méconnaissance qui conduit Paracelse à tenter une justification (*probatio*) de la magie véritable, c'est-à-dire à en manifester la légitimité en face de pratiques aberrantes. Si la démonstration réussit, la magie apparaîtra *naturelle*, car elle est selon l'ordre de la nature.

Si le mage, accueillant le pouvoir de l'Astre, se trouve de la sorte en parfait accord avec l'ordre invisible de la nature – à la différence de l'homme distrait – on peut l'appeler un *saint* de la nature, parce qu'il accomplit pleinement la mission que Dieu a assignée à l'homme sur la terre : révéler les mystères de la nature, agir en « concorde » avec eux. « Dieu a fait l'homme pour que la sagesse de l'Astre soit manifestée, en sa perfection, que rien ne demeure caché, mais que tout soit mené au jour… que tous les arts soient découverts » (XII, 34). Connaissant et agissant, le mage parfait l'œuvre divine, car Dieu veut être connu et reconnu en sa création (XII, 58-59).

Sans la magie, par exemple, le médecin ne peut connaître, ni comprendre la maladie et l'art de guérir (X, 145) ; il ne saurait voir dans l'herbe qui pousse la vertu que Dieu y a instillée, ni appliquer le remède qui convient. Les premiers médecins étaient effectivement des mages, avant que la médecine ne se fût instituée comme école ; car c'est à partir de ce moment-là que les recettes ont pris le pas sur la lumière naturelle et l'ont obscurcie. Depuis le médecin agit en aveugle, se référant à une science livresque datant d'un autre temps. Il en va de même du faux-mage, de l'usurpateur qui n'agit pas dans la lumière naturelle et qui se réfère à des formules, à des recettes, à des rites qu'il a appris ou surpris. Le vrai mage connaît et agit dans la lumière *actuelle* allumée en lui par la nature.

Tout ce qui vient d'être évoqué relève de l'ordre naturel. Le mage est puissant et efficace dans la mesure où il sait faire « concorder » en lui la force sidérale et sa propre complexion (*Gemüt*). Cette énigmatique relation, souvent évoquée par

Paracelse, n'est pas aisée à entendre ; car il ne s'agit jamais d'une rencontre avec *quelque chose*. L'invisible n'est pas de l'essence d'un visible dérobé à notre regard, il n'est pas substance et, par conséquent, est inapte à devenir un vis-à-vis – et donc un objet de connaissance. Les termes variés, utilisés par Paracelse, définissent en fait un carrefour de multiples langages et sonorités où, quelque terme qu'on prenne, aucun ne donne prise sur ce qu'il y aurait à formuler. L'invisible est pure puissance, et la rencontre avec le *Gemüt* est proprement un *avènement* – phénomène rare qui est comme une invasion réussie. Le mage est un homme qui laisse-être en lui l'injonction de l'Astre, qui « nage selon », et, nageant selon, il est puissant. Nous aurons à y revenir à propos de la foi.

Il ne s'agit donc jamais de faire venir en vue *pour un sujet* la force qui fait la puissance du mage : elle est irreprésentable. L'art de la magie est, comme tous les arts, fondé sur une espèce de transitivité, de visitation. Le véritable « artiste » est pour ainsi dire devenu l'Astre même et jouit de la force de l'Astre. Malheureusement l'homme n'est en général pas ouvert à cette influence (*in-fluo*, couler dedans), crispé qu'il est, fermé qu'il est à l'accueil en lui de ce qui serait pourtant son authentique salut. D'où la rareté du véritable « artiste » en quelque domaine que ce soit (nous parlerions peut-être aujourd'hui de génie). Le terme de *scientia* est employé par Paracelse pour désigner la capacité de l'homme qui a su, en lui, laisser s'épanouir en harmonie avec sa propre complexion l'emprise de l'Astre.

Ce qui vient d'être dit concerne la magie naturelle, c'est-à-dire la magie qui se conçoit à partir de l'ordre de la nature – nature qui est elle-même une magicienne (*maga*, XII, 132, 462). Mais le vaste empire de l'invisible (objet de la *Grande Astronomie*) ne se limite pas à la création du Père. Le Fils a apporté une nouvelle lumière et a ouvert le champ de la connaissance et de l'action *surnaturelles*. Ce domaine, donné à ceux qui sont renés, n'est pas négateur de l'ordre naturel, même s'il lui est supérieur ; au contraire, il faut la lumière naturelle pour reconnaître la lumière de l'Esprit. Les deux lumières ne sont pas contraires, mais complémentaires.

La magie

Ce terme désigne un champ de connaissances et d'activités *spécifiques*. A suivre le raisonnement de Paracelse, on peut dire que cette spécificité relève plus de l'ordre du fait que de l'ordre du droit. Nous venons, en effet, de voir que tout homme est en principe appelé à connaître et à agir comme le mage. En fait cela n'est pas : la magie, telle que l'entend Paracelse, n'est pas un art populaire. Les hommes suivent en général un tout autre chemin : c'est l'attirance trouble de l'acte magique, connoté de puissance, qui occupe leur imaginaire ; ils ignorent l'ascèse et les qualités qui conditionnent l'acte magique authentique. De là les égarements, et l'apparition de conduites usurpatrices. A première vue, en effet, les pratiques dites magiques se ressemblent ; parmi elles pourtant beaucoup ne sont que des imitations, des gesticulations illusoires, des rites fantaisistes. Paracelse souhaite séparer le bon grain de l'ivraie. En conférant ses lettres de légitimité à l'art magique véritable, il pense avoir défini le critère permettant de tracer des frontières.

Pour cela il excepte de l'ensemble des pratiques décrites par ses contemporains, et notamment par Agrippa (qui en fait l'énumération), les actes qui, au regard de ses propres présupposés, peuvent se justifier et par conséquent se distinguer de recettes purement factuelles. Cette entreprise spéculative va le conduire à élaborer une vision d'ensemble, assortie de distinctions : les espèces. Elles sont indicatives du champ d'apparition de phénomènes magiques ; elles sont, dit Paracelse, comme les organes qui forment un organisme, différentes mais parentes.

De la magie

Quelles sont ces espèces ? Il y en a six, écrit Paracelse. Comment peut-il être aussi catégorique, aussi péremptoire ? La magie n'est-elle pas indicative d'une connaissance supérieure ? Dès lors il est impossible, semble-t-il, d'en dénombrer tous les modes et lieux d'apparition – donc toutes les espèces. Nous nous trouvons là en présence d'une inconséquence dans le développement spéculatif de la pensée de Paracelse, car, à travers toute son œuvre – où le terme « magique » revient toujours à nouveau – la magie désigne une connaissance accomplie, une interprétation réussie des merveilles de la création ; elle est indicative d'une perfection. Le champ de la magie parce qu'imprévisible et autant que la nature elle-même ne peut donc, semble-t-il, être circonscrit.

Que penser alors de l'énumération des formes de la magie ? Lorsque Paracelse parle de l'étoile de Bethleem, il se réfère à la Bible ; de même lorsqu'il parle des miracles du Christ, de sa transfiguration, de sa tentation par le diable, etc. Il cite Moïse, les Prophètes, les Apôtres. Sa pensée et son imaginaire ont été nourris de tous les faits merveilleux relatés par les Livres saints. Il n'en a oublié aucun, et n'a douté d'aucun.

Cette présence en lui de l'esprit des récits bibliques, et du merveilleux qu'ils véhiculent, ne doit pas être sous-estimée : elle a fécondé sa conception de la magie. Et pourtant il n'accepte pas les faits bibliques tels quels, relatés dans leur pure facticité. Il tient à les expliquer, car, étant des phénomènes visibles et véritables, ils doivent être montrés et expliqués selon leur possibilité ontologique. D'où son insistance à revenir toujours à nouveau sur les faits bibliques pour en fournir des commentaires, montrer leur plausibilité, les justifier. Dans son explication de l'Evangile de Matthieu (conservée dans le manuscrit de Leiden), qui foisonne de remarques sur la magie, il explique longuement le phénomène de la transfiguration. L'art de la magie, y dit-il, est à même de métamorphoser un homme. Elle est capable de rapprocher un spectre d'une personne et de le rendre visible à travers elle ; la personne est alors transformée au point de n'être plus reconnaissable, alors qu'elle demeure néanmoins ce qu'elle était : elle est recouverte et dissimulée par le spectre (Leiden, III, fol. 218).

Si tous ces faits merveilleux ne se produisent plus aujourd'hui sous nos yeux, c'est que la lumière de la nature ne brille plus en nous ; elle a été obscurcie. L'âge d'or des mages serait-il passé ? Peut-être pas. Paracelse rêve d'une *renovatio mundi* (X, 647). A son avènement tout nous sera restitué, la lumière de la nature et la lumière de l'Esprit, celle du Père et celle du Fils ; les affamés seront rassasiés, les opulents seront livrés à leur sort... Les affamés représentent ici les hommes devenus conscients de leur condition, de leur précarité, de leur déréliction. Paracelse insiste sur ce dernier point : la *noturft*, (le besoin, le manque) voilà son terme ! L'homme est un être de besoin ; il est peu de chose dans le vaste monde, il est plus fragile que l'or. Il sait toutefois que le salut ne peut venir que d'en haut. La magie vient à son secours ; c'est là sa finalité. Les miracles du Christ montrent suffisamment comment les pauvres de cette terre ont bénéficié des paroles qui guérissent – tout comme le malade est réconforté par les vertus installées par Dieu dans les simples. Le mage accomplit par la parole ce que le médecin obtient par les remèdes (Leiden, III, fol. 204).

Il faut également rappeler les récits où il est question du Christ tenté par le diable, et des Pharisiens qui l'accusent de chasser les démons avec l'aide de Satan, ou de se servir de signes cabalistiques (caractères). On ne peut pas ne pas les évoquer lorsqu'on lit les développements que Paracelse consacre (surtout dans le quatrième Livre de la *Grande Astronomie*) aux puissances chthoniennes. Toujours est-il que les épisodes évangéliques et bibliques, du fait même qu'ils sont relatés dans les Livres saints et tenus pour véridiques, ont incité Paracelse à les expliquer – donc à élaborer une « théorie » de la magie qui les présente à partir de leur possibilité. On peut dire que l'esprit toujours en mouvement de Paracelse n'a fait, sa vie durant, qu'édifier un vaste ensemble spéculatif intégrant tout ce que la vie, l'observation et les Ecritures lui ont appris.

Et il passe des Ecritures à la nature, et de la nature aux Ecritures. Tout ne renvoie-t-il pas à tout ? A propos des vertus magiques de la perle n'écrit-il pas que la perle est un petit corps où se trouvent enfermés beaucoup de vertus et de secrets que le commun des hommes ne connaît pas : de même, continue-t-il, lorsqu'un homme entend la parole de Dieu, il doit l'accepter, même s'il ne sait pas ce qu'elle contient ; et lorsqu'il l'a reçue il se rend compte, jour après jour, des forces secrètes qu'elle renferme. C'est ainsi qu'il en va aussi des perles lorsque le médecin les utilise : elles sont souvent d'un secours qu'on ne soupçonnait pas (Leiden, III, fol. 207).

L'étoile de Bethleem représente, de façon emblématique, l'occasion pour Paracelse de se saisir d'un récit évangélique pour y lire la magie à l'œuvre : le mage voit dans l'étoile, phénomène naturel, autre chose qu'un corps brillant qui se meut dans le ciel. Les Mages venus d'Orient étaient les seuls à voir que l'*Etoile* annonçait la naissance du roi des Juifs. Cela demeurait caché aux yeux de ceux qui se contentaient de regarder, qui ne percevaient pas la profondeur des choses ; de ceux qui ne savaient pas lire *à travers*, voir *à travers* – non pas vers une réalité existant derrière le visible, mais voir l'invisible présent dans l'apparence. La magie est connaissance du secret des choses. Le mage apparaît dans cet exemple – comme dans tant d'autres – comme un homme hors du commun. Et cette connotation lui est restée attachée jusqu'à nos jours.

Le récit – l'étoile de Bethleem – ne doit pas être réduit à sa dimension historique ; sa valeur est universelle et demeure exemplaire pour l'intelligence de la connaissance magique. Mais l'on peut observer que Paracelse, séduit par ce récit et l'interprétation lumineuse qu'il autorise, n'a pas toujours bien distingué les deux plans : celui de la nature et celui de la surnature. Dieu a été merveilleux avec les Mages, dit-il, il leur a révélé son Fils par cette étoile, il les a élus. Font-ils dès lors partie de ceux qui jouissent de la lumière de l'Esprit apportée sur terre par le Fils ? L'ambiguïté est difficile à lever, et ne permet pas toujours une lecture claire du texte – surtout que Paracelse reprend le même exemple dans le deuxième texte, le texte sur la magie céleste.

Les Mages apportèrent comme cadeau de l'encens, est-il dit. Paracelse interprète ce geste à sa façon : comme une offrande faite à l'enfant d'un présent destiné à le garantir contre la sorcellerie et les sortilèges. Il écrit : ainsi, ils lui firent cadeau de l'encens parce qu'ils devaient connaître les pratiques maléfiques qui existaient de leur temps et qui pouvaient représenter un danger pour l'enfant, aussi lui apportèrent-ils ce qui pouvait l'en protéger, c'est-à-dire de l'encens. (Leiden, I, fol. 4).

L'action magique

La magie a été évoquée jusqu'ici avant tout dans sa fonction révélatrice, comme *connaissance* des choses à partir de leur sol fondateur et secret. Il convient de l'envisager aussi dans sa capacité d'intervention dans le monde visible, dans son *action* sur les choses et sur les hommes. Agir magiquement, c'est agir sans détour par l'invisible nature – produire des effets physiques sans moyens physiques ! C'est l'inverse de l'intervention besogneuse qui, avec effort, a recours à l'équerre, à la truelle ou au rabot pour opérer. Voilà ce dont étaient capables les mages !

Si le mage tire sa force de l'Astre, ce n'est pourtant pas n'importe comment. La magie est un *art*; elle suppose donc un savoir-faire, un savoir-opérer. Cet art relève toutefois autant de l'éthique que de la technique. C'est plus une question de disposition morale et spirituelle que de procédés opératoires. En effet, le mage n'agit pas en tant que sujet (nous sommes un siècle avant que ne s'affirment les philosophies du sujet) ayant souci de son intérêt, animé par une volonté de puissance ; au contraire, il se tient pour ainsi dire *dehors*, au sein d'une puissance englobante, à l'écoute de ce qui est là sur le point de naître et de se produire. Il n'y a pas d'action magique sans cette foncière disponibilité qui est en même temps liberté. Qu'est la liberté sinon l'entier détachement de l'égocentricité pour être tout ouvert à l'Astre ? Pour devenir l'Astre même.

Paracelse parle à ce propos de l'amour de l'Astre. Il ne s'agit pas de sentiments, mais d'une relation réciproque de respect et de don (*Hingabe*) ; une relation qui suppose une profonde parenté ! L'homme n'est-il pas parent de l'Astre ? Certes, la plupart du temps il est distrait, et ne vit plus cette parenté ; il est comme étranger à l'Astre : le médecin qui applique des recettes apprises à l'école des hommes n'est pas le complice de l'invisible qui est actif dans le malade qu'il soigne, et, n'en étant plus complice, il administre des remèdes de l'extérieur : *il n'agit pas.*

Par contre, lorsque cette donation (*Hingabe*) est entière, le mage est puissant ; son action et celle de l'Astre se confondent : il peut déplacer les montagnes (une expression biblique qui ne quitte pas l'esprit de Paracelse), peut transformer une chose en une autre comme fit Moïse lorsqu'il changea un bâton en serpent, etc. Uni de cette façon à l'Astre le mage peut même, par effet de réciprocité, agir sur l'Astre lui-même (XII, 129) – encore que cette action relève plutôt du mage selon la troisième figure de l'*Astronomia magna* (qui a trait aux pouvoirs de la foi).

L'ingénieur moderne qui manipule la nature n'écoute plus cette dernière ; il la violente plutôt et la transforme en pur vis-à-vis indéfiniment modelable. Son approche est par conséquent fort différente de celle du mage. Descartes a fait la guerre aux forces occultes : tout est pensable et calculable dans la nature

Introduction

selon largeurs, longueurs, profondeurs et mouvements. Tout est donc transparent ; il n'y a plus ni mystère, ni secret.

La magie, par contre, suppose le secret. Comment l'entendre ? Cela n'a rien à voir avec l'occultisme. En effet, le mage ne *peut* livrer son secret ; le ferait-il, il ne livrerait que la lettre, non l'esprit. Par rapport à sa vocation ce serait sacrilège. Lui, familier des mystères de la nature, comment pourrait-il faire partager cette intimité ontologique avec ceux qui sont seulement curieux, ou envieux ? Les sociétés secrètes, comme il en existe aujourd'hui, sont juste le contraire de la magie. On ne peut dévoiler de secret qu'à ceux qui en sont dignes et qui savent en payer le prix. Ce prix c'est l'ascèse, la patience, l'humilité. L'initié seul a un rapport authentique au secret ; l'ingénieur non. En effet, il n'y a de secret que là où existe une expérience qui ne *doit* ou ne *peut* être divulguée ; c'est le cas ici, puisque précisément la parole fait défaut pour dire ce qu'il y aurait à dire. De ce fait le mage est un homme seul, car la communication banale lui est refusée.

Quoiqu'un homme privilégié, le mage est, en même temps, un homme humble (terme qui revient dans le texte de la *probatio*). Qu'est-ce que l'humilité s'agissant du mage, homme pourtant puissant ? Il est puissant, mais sage. L'homme humble sait qu'il ne peut agir qu'en harmonie, qu'en accord profond avec l'Astre. L'ingénieur n'est pas humble ; il n'a nul besoin d'attendre quelque concordance avec l'Astre : il projette, décide, calcule, exécute ; il intervient quand il veut. Le mage, par contre, dans la patience et le silence, est à l'affût du moment favorable. Alors il agit, alors il est puissant. Sa puissance n'est toutefois pas à entendre en un sens mondain ; le mage se retire du monde et des mondanités, non pas pour fuir le monde, au contraire ; mais absorbé par l'attention à l'invisible nature, les oreilles grandes ouvertes, il n'entend plus rien, dit Paracelse.

De la magie

Voilà comment apparaît la figure du mage à travers les nombreux écrits de Paracelse : un idéal-type de l'homme, à qui, grâce à sa complicité avec la puissance qui porte le monde, rien n'est impossible.

Les espèces

Après avoir défini l'action magique, Paracelse en vient à énumérer les différentes formes d'inscription de cette action dans le monde selon le lieu, l'objet, la circonstance. Cette énumération est toutefois inattendue sous la plume de Paracelse – à supposer évidemment que cette présentation ne soit pas une interpolation faite, après sa mort, par des paracelsistes. (En effet le nom de Paracelse a été largement utilisé, surtout vers la fin du siècle, pour faire circuler et publier des écrits s'écartant des doctrines officielles, et cela pour échapper à la critique et à la poursuite des autorités. On pourrait donc être tenté – comme certains se l'autorisent – de supposer que certains textes, en dehors de ceux que Sudhoff a classés sous la rubrique *Spuria* ou *pseudoparacelsica*, ne soient pas de la main de Paracelse, mais relèvent de pratiques interpolatrices.)

Tant de divisions et de subdivisions étonnent, en effet, de la part d'un auteur qui, sa vie durant, n'a cessé de dénigrer et de dénoncer les procédés scolastiques.

On peut d'ailleurs se demander comment – sur fond d'une philosophie de la nature où tout est pensé comme étant en constants devenir et maturation – on pourrait dire aujourd'hui ce qui sera demain, c'est-à-dire définir *a priori* les formes de connaissance et d'intervention du mage.

Il convient par conséquent de relativiser la portée de ces distinctions. N'est-on pas forcé de constater que les distinctions faites par Paracelse ne sont pas constantes : elles varient d'un texte

Introduction

à l'autre. Le *Ein magischer Entwurf* (X, 656-57) et l'*Astronomia magna* (XII, 83-85) ne présentent pas des tableaux identiques – ce qui incite à penser que ces variations trahissent un certain empirisme. D'autre part, on ne peut pas oublier non plus qu'en ce début du XVIe siècle, une véritable manie classificatrice s'est emparée des esprits et les a poussés à multiplier divisions, distinctions, spécifications. Il suffit de penser, par exemple, à Conrad Gessner qui a mis en tableaux tous les livres imprimés de son temps, tout le règne animal, tout le monde végétal, etc., en de prestigieux in 4°. Agrippa de même inventa de multiples classifications. C'était alors la manière de chercher à explorer et à balayer le champ des phénomènes – comme Christophe Colomb, on était occupé à découvrir et à nommer. S'agissant de mantique, Johann Hartweg avait déjà tenté, au siècle précédent, de dresser le tableau des « mancies » dans son *püch aller verpotten kunst* (1456) : géomancie, hydromancie, spatulamancie, etc.

En définitive, nous devons voir en ces énumérations plutôt des exemples d'occurrences de l'activité magique qu'un recensement exhaustif des phénomènes possibles. Ces occurrences demeurent en fait aléatoires et, en tant que telles, non fondées comme catégories définitives. Mais comme il s'agissait pour Paracelse d'étudier ces phénomènes « avec ordre et selon le droit chemin », les nombreux tableaux de la *Grande Astronomie* sont là à titre indicatif, voire symbolique, de cet ordre.

La magie, écrit Paracelse, comporte six espèces. La première consiste à interpréter et à comprendre les signes dans le ciel, que ce soient des comètes, des étoiles filantes, des halos, des irradiations ou tout autre phénomène se produisant dans les airs. Tous ces signes sont naturels, intelligibles pour les mages. Cet art est annoncé par la parole du Christ qui dit : il y aura des signes dans le soleil, la lune, les étoiles. C'est l'*insignis magica*.

Il est une autre espèce de magie qui enseigne à former et à transformer des corps – ainsi que cela se faisait, par exemple, du temps de Moïse – de métamorphoser un corps en un autre. Il s'agit aussi de transformations susceptibles de revêtir un corps d'un aspect éclatant ou glorieux, comme celle qui a transfiguré le Christ en l'illuminant comme le soleil. Cette forme de magie s'appelle de son vrai nom *magia transfigurativa*.

La troisième espèce enseigne la façon de former et de prononcer des paroles qui, par là même, vont posséder un pouvoir efficace. Ce pouvoir leur est propre comme sont propres aux simples les vertus qu'ils recèlent. On peut dès lors effectuer avec des mots ce que le médecin accomplit normalement avec des remèdes. Il est également question, en cette troisième espèce, de caractères, c'est-à-dire de signes gravés, écrits ou dessinés qui ont même pouvoir que les paroles et qui protègent contre les accidents et autres événements fâcheux. C'est la *magia caracterialis*.

Une autre espèce apprend à entailler des gemmes. Ces pierres gravées à l'image des constellations astrales sont capables de protéger le corps contre les coups et les blessures ; également contre les monstres et les démons. Elles permettent aussi de se rendre invisible, et recèlent bien d'autres pouvoirs (qu'elles n'ont pas naturellement). Le nom de cette forme de magie est *gamaheos*.

La cinquième espèce est l'art de confectionner des images qui vont avoir un grand pouvoir : en leur imprimant les mêmes propriétés que celles que possède l'Astre, le mage leur confère le pouvoir de guérir ou de rendre malade, de protéger ou de nuire et d'estropier, etc. ; bref, d'avoir autant ou plus de pouvoirs que les simples. Cette espèce s'appelle de son vrai nom *altera in alteram*.

Enfin, la sixième espèce consiste dans l'art de savoir se faire entendre au loin, par delà les mers, à cent milles de distance. C'est aussi l'art d'aller plus vite que nature, de faire en un jour un chemin qui demanderait un mois, ou d'accomplir en peu de temps ce qui par nature exigerait un an. C'est l'*ars cabalistica*.

Paracelse ajoute que ces espèces représentent ensemble l'art de la magie, et s'appellent en latin, dit-il, *artes sapientiae*.

« Car ces six espèces ont été tenues par les savants de Saba et de l'île de Tarsis pour la plus haute sagesse qui ait été donnée aux hommes, dans leur vie mortelle, par Dieu. Seuls les sages qui étaient experts en ces arts ont été appelés mages ; et, par suite, toute autre sagesse mortelle a été considérée comme moins accomplie et inférieure. Seul l'art de la magie a été tenu pour la sagesse suprême et incomparable » (XII, 85).

Le mage céleste

Le royaume de l'invisible ne se réduit pas à la puissance du *Gestirn*, c'est-à-dire à celle de la nature. Certes, Paracelse a décrit avec complaisance et bonheur le champ de l'activité naturelle. Mais il n'a jamais oublié la dimension *surnaturelle* de l'existence : la puissance apportée par le Fils qui fait de l'homme un être rené, jouissant d'une participation à un ordre qui, sans nier l'ordre naturel, dépasse néanmoins celui-ci en dignité comme en pouvoir.

Les païens n'ont pas eu le privilège de vivre cette participation. Ils agissaient en intelligence avec la seule puissance naturelle ; les thaumaturges, les mages antérieurs à l'ère chrétienne, développaient leur art à partir d'une puissance mortelle ; le mage céleste, par contre, agit avec la force d'en haut : il est l'homme de la nouvelle naissance, et cette puissance-là n'est pas mortelle.

La force, dit Paracelse, vient toujours de la puissance à laquelle on appartient. Le mage céleste, parce qu'il est ouvert à l'invisible surnaturel, reçoit du Ciel (surnaturel) le pouvoir de connaître, d'interpréter et de faire ce qu'aucun sage selon l'ancienne loi n'a eu en partage. Dieu a été merveilleux avec ses saints, ajoute Paracelse. Mais il l'est tout autant avec le mage qui, en l'occurrence, se confond avec le saint en tant que type d'homme accompli, bénéficiant de la plénitude des bienfaits de Dieu.

Le mage céleste ne méprise pourtant pas la nature ; car il agit par la nature dans le monde visible et s'y inscrit comme le mage naturel, tout en jouissant d'une lumière – la lumière de l'Esprit – qui dépasse la lumière naturelle sans la contrarier.

Paracelse fait remarquer de façon ironique que les mages sont devenus rares, voire rarissimes. En existe-t-il encore, se demande-t-il ? Y a-t-il encore des cœurs ouverts à l'influence céleste au point de se laisser envahir par elle pour accomplir ces actes étonnants par lesquels l'invisible devient manifeste à nos yeux de chair ? Ce serait l'épiphanie ! Toutefois Paracelse ne désespère pas de la *renovatio mundi* à venir. Alors pourra s'accomplir la vocation de l'homme (personnifiée à son plus haut point par le mage céleste) : rendre visible l'invisible. Dieu s'en réjouit, dit-il (XII, 291).

En attendant l'avènement du règne de Dieu et du retour du Christ sur terre, Paracelse nous décrit la magie céleste et les formes de sa manifestation, de la façon suivante :

« *Pour bien entendre ce qu'est la magie céleste et toute son œuvre, sachez qu'elle comporte six espèces à partir desquelles on peut la comprendre en son ensemble.*

La première espèce comprend l'interprétation des étoiles qui ne sont pas naturelles, comme l'étoile du Christ, ou d'autres étoiles qui sont les signes dont le Christ a dit : il y aura des signes dans le soleil, la lune et les étoiles… annonçant des détresses pour le peuple, la faim, la soif, les tremblements de terre, la peste, etc. Tout cela découle de la parole du Christ et n'appartient pas à l'ordre de la nature ; ce n'est donc pas à interpréter de façon naturelle, mais de manière surnaturelle : cela relève du domaine céleste et par conséquent, pour son intelligence, de l'Astronomie céleste. Celui qui sait dire que cette peste est naturelle, que telle autre découle de la malédiction divine, celui-là est un mage céleste ; et, sans se référer à l'ordre naturel, il saura l'interpréter et dire que cette peste est un signe qui a rapport à la fin du monde ; cela veut dire que quelques centaines d'années seront retranchées du nombre des ans pour lesquels le monde a été créé et pendant lesquels il doit durer. Car autant de fois qu'un signe ainsi annoncé par l'Evangile apparaît, autant de fois un nombre d'années est retranché de l'âge du monde.

Ensuite, pour ce qui est de l'autre espèce, la magie naturelle est à même de transformer une chose en une autre, le fer en cuivre, l'homme en loup, le saphir en diamant, etc. Mais celui qui est capable, avec la force divine, de se rendre invisible comme le Christ s'est rendu invisible ; ou qui sait se magnifier de la même manière que le Christ lorsqu'il a été transfiguré, celui-là maîtrise la seconde espèce de la magie céleste.

La troisième espèce consiste en ceci : être capable d'accomplir avec la puissance céleste ce qu'il est possible d'accomplir avec les moyens de la nature : de réaliser des caractères et des formules magiques. Celui qui sait prononcer des paroles telles que : « ramasse ton grabat et marche », ou « Lazare lève-toi », celui-là est un mage céleste selon la troisième espèce.

Pour ce qui est de la quatrième espèce : est un mage puissant celui qui sait tracer le signe Tau, ou d'autres signes, en vue d'écarter certains événements.

Relève de la cinquième espèce, celui qui sait faire parler un âne – comme l'âne de Balaam – ou celui qui sait conférer à l'homme des pouvoirs liés à une naissance de nature divine, de sorte qu'instruit par Dieu, il soit à même de réaliser tout ce qu'il souhaite grâce à la puissance divine.

Et, pour ce qui est de la sixième espèce : il s'agit d'être capable de se faire entendre jusqu'au Ciel à partir de la terre ; de savoir se faire reconnaître et entendre par Dieu ; et, inversement, d'être capable d'entendre sur terre la réponse donnée par Dieu.

C'est pourquoi il faut comprendre que ce que l'esprit naturel est capable d'effectuer grâce à la lumière de la nature, les mêmes actions peuvent être réalisées devant Dieu et par Dieu, selon les voies de Dieu. La différence entre l'œuvre de la nature et l'œuvre céleste, est que la nature agit par magie naturelle et que ce que les forces célestes accomplissent, en nous et par nous, est magie céleste – ce qui se fait selon l'ordre de la nature est naturel, ce qui se fait par Dieu est divin. C'est ainsi que se distinguent les deux domaines de la magie, la naturelle et la céleste – les deux émanant de la même source, comme cela est montré pour chacune dans la justification qui lui est consacrée – justification qui expose l'efficience et le fondement de chacune » (XII, 333-334).

Cet exposé sans originalité reproduit de façon servile le schéma de la présentation du champ de la magie naturelle.

Quant à la *justification* (cf. Texte II), elle manque également, nonobstant quelques notations nouvelles, d'inspiration. Il est vrai que le vocabulaire alors en usage – qu'il s'agisse de la théologie, de la prédication, de l'histoire sainte, etc. – ne permettait guère à Paracelse d'être, en ce chapitre, aussi original et novateur qu'il l'a été dans le domaine de la philosophie naturelle où il a pu promouvoir un discours personnel et neuf.

Cette deuxième astronomie apporte pourtant une intelligibilité nouvelle de l'existence, différente de la sagesse naturelle. Voir dans la peste autre chose qu'un phénomène naturel, mais un signe surnaturel, renvoyant directement à la puissance et à l'intervention divines, confert à l'existence une lisibilité inattendue. Certes, le monde naturel foisonne aussi de signes, mais c'est en vue de la connaissance des forces qui habitent les êtres de la nature. La magie céleste introduit à une lecture d'un autre ordre : elle fait comprendre un phénomène non pas à partir des vertus éternellement distribuées dans le monde, mais comme l'effet d'une intervention divine – effet qui s'inscrit bien entendu dans le monde visible. Les actions spectaculaires de Moïse ne se situent pas hors du monde, mais interfèrent avec le cours de la nature ; c'est, en effet, par cette inscription intempestive dans un ordre des choses qui ne les attendait pas qu'elles sont précisément spectaculaires.

Introduction

Cette deuxième astronomie ne peut par conséquent pas éviter le vocabulaire anthropomorphique et mythique dans son exposition. Dieu est puissant, bon, fidèle, etc. L'ancien Testament est riche de notations décrivant les relations et les tractations entre Dieu et les figures légendaires de la Bible. L'essentiel de la démonstration de Paracelse consiste à énumérer ces actes singuliers rapportés par les Ecritures. Aussi cette « démonstration » demeure-t-elle particulièrement pauvre en regard de la *justification* de la magie naturelle. Une telle énumération relève plus de l'incantation que de la preuve.

Deux remarques méritent toutefois d'être reprises ; l'une concerne la nature du mage céleste, l'autre la foi de la nature.

Si tout homme est, par principe, appelé à devenir un mage naturel, il n'en va pas de même en ce qui concerne le mage céleste. Personne ne peut comprendre la puissance surnaturelle, dit Paracelse, « s'il n'est d'en haut ». (XII, 418). Ailleurs il écrit que la magie céleste ne peut être exercée que par le Christ ou des saints. Enfin, à la fin du texte présentant la magie céleste, Paracelse ajoute que le mage céleste doit être un homme susceptible non seulement de parler à Dieu, mais encore être capable d'entendre sa voix sur terre. Autant dire que le mage céleste est un homme hors du commun, non pas uniquement par la sagesse (qui peut être païenne), mais surtout par sa foi et sa rectitude d'homme réné. C'est à ce prix qu'il devient le canal de la puissance divine.

C'est la foi qui fait le mage de la nouvelle Alliance. La mise en scène de la foi revêt ici une importance nouvelle, car Paracelse imprime à cette notion – que nous allons retrouver, magnifiée, dans la troisième astronomie – des connotations inattendues. La foi est d'abord adhésion entière et sans condition à la parole de Dieu, à l'instar d'Abraham : que ce soit ainsi et non autrement ! Entre le mage et la parole ne s'insinue ni doute, ni distance. Lucifer a scindé l'unité qui le liait à Dieu dans la contemplation – il a manqué de foi. Le mage vit la parole de

Dieu dans une évidence pleine, et telle qu'aucune ombre n'est à même de s'y glisser.

L'autre remarque concerne « la foi de la nature ». Le figuier, dit Paracelse, s'est desséché instantanément parce qu'il a eu foi dans le commandement. C'est une notion inattendue, appelée à rendre compte de la façon dont l'injonction divine est efficace dans le monde visible – donc dans la nature – et cela infailliblement. On pourrait en effet imaginer que la nature, dans son autonomie, constitue un obstacle à la transitivité de l'action divine. Ce pourrait être le cas pour une nature conçue comme un ensemble régi par des lois universelles et immuables – ce qui serait une conception moderne. Ce n'est pas le cas de la nature pour Paracelse. Elle est là, toujours sur le point de naître *(natura)*, toujours sur le point de surprendre : pour elle tout est possible ; aucun a priori issu de la représentation ne vient lui imposer des limites. N'est-elle pas en elle-même – ontologiquement – adhésion pleine aux forces qui de toute éternité l'habitent et la traversent et adhésion entière à l'injonction originaire que Dieu lui a intimé en la créant.

Il n'y a donc pas contradiction entre le cours naturel des choses et l'intervention divine, mais concours de deux instances qui ont même origine : Dieu. Dire que la nature a foi dans le commandement, c'est dire que le commandement est autoproducteur d'effet étant donné que le monde lui-même est issu, directement, de la parole : *fiat mundus et mundus fit.* Le monde ne procède pas d'une émanation ou d'une série de processions, mais directement de Dieu. C'est cette immédiateté qui est paracelsienne. La nature a foi, c'est qu'elle est, sans distance, suspendue au verbe créateur.

Agir pour Paracelse, c'est être déterminé et faire. Le mal c'est l'hésitation, c'est-à-dire l'insinuation de la distance, de la réflexion, de la non-adhésion. Il conviendrait de démonter cette dialectique interne à la pensée de Paracelse, et montrer comment la nature, cachée à elle-même, cherche à gagner une lumière sur elle-même, et comment elle y parvient en l'homme ; et manifester comment en l'homme – qui est aussi de la nature – elle y devient représentation d'elle-même, ou, au contraire, adhésion sans distance, via l'imaginaire, au mouvement qui monte des profondeurs d'elle-même. Cette autre foi est l'objet de la troisième astronomie.

Le mage du nouvel Olympe.

Les espèces retenues par Paracelse indiquent le champ des manifestations de l'activité magique. Mais cette activité requiert, comme il dit, un *médium*, un centre. Ce centre c'est l'homme.

Mais cet homme n'est pas l'homme moderne qui agit sur la nature à travers des règles opératoires de plus en plus techniques, précises, mathématiques. L'ingénieur, nous l'avons évoqué, agit de l'extérieur sur les choses qui ne sont pour lui qu'un vis-à-vis indéfiniment manipulable.

Or, pour Paracelse l'acte magique ne se fait pas par la contrainte qu'un sujet (un centre d'intérêt) exercerait sur un objet qui lui serait indifférent. Le mage n'agit pas pour son compte égocentré : il est d'abord un *médium*, c'est-à-dire un être *par qui* passe la force astrale et qui n'est pas lui-même l'origine de cette force. L'énergie utilisée par l'ingénieur des Temps modernes est une réserve de force non spécifiée, quantifiable, dans laquelle il puise pour la mise en œuvre de ses projets. Le mage, lui, compte avec la vivante et invisible nature, constellée, ayant figure. Pour agir il lui faut devenir *complice* de cette puissance qui n'est pas un vis-à-vis, qui n'est donc pas objet, ni objectivable – mais qui le traverse et le porte comme elle traverse et porte le monde et toute chose.

Pour la mise en œuvre de cette complicité intervient l'imagination, cette autre puissance de l'invisible, annoncée par le Livre III de la *Grande Astronomie*, l'imagination et la foi – deux concepts difficiles.

De la magie

L'imagination paracelsienne n'a rien de commun avec ce que nous appelons aujourd'hui de ce nom, c'est-à-dire une représentation imagée des choses, un pâle reflet du monde visible. Ces images-là sont sans lien véritable avec la puissance sidérale, elles sont même le plus souvent sans lien profond avec nous-mêmes. Elles prolifèrent dans la partie superficielle de notre être, la partie distraite, dans l'espace de la représentation. La fantaisie n'est pas imagination, dit Paracelse, mais semence d'erreur : il lui manque en effet l'ancrage.

Ce terme peut nous servir de clé, car c'est lui précisément qui soude ensemble imagination et magie. Paracelse renoue, ce faisant, avec une longue tradition, celle qui n'a jamais pris à la légère ces images qui font résonner le fond de notre être, les images qui naissent du *Gemüt* d'une manière organique. (Le *Gemüt*, rappelons-le, c'est l'« impression » de la puissance sidérale en nous ; principe dynamique d'action, au plus profond de nous, structurant, imprimant à nos pensées, à nos désirs, à nos conduites sa marque *propre*.) L'image qui s'enracine en nous comme la plante dans le sol, dans notre être sidéral, et donc dans la puissance formante qui nous porte nous-même, donne littéralement corps à notre pensée ; la transforme en désir. Le désir, est-ce autre chose qu'une pensée qui s'incarne, qui prend corps, et qui devient ainsi, en nous, principe de mouvement ? C'est le cœur, dit Paracelse, qui donne à l'image son pouvoir d'incitation et d'impulsion. Un désir abstrait, c'est-à-dire un désir purement intellectuel, une simple pensée, est sans force, est incapable de mouvoir quoi que ce soit. Inutile, dans ce cas, de désirer vouloir être ceci ou faire cela – si l'idée ne trouve à s'inscrire réellement par l'imagination, aucun effet n'en résultera jamais. C'est la rencontre avec les puissances du monde sidéral qui rend grosse l'idée, qui la rend enceinte et la transforme en force magique.

La force (*impressio*) de Vénus est comme évanescente, force parmi les forces du Grand Monde qui agissent sur nous, tant que notre *Gemüt* ne l'attire à la manière d'un aimant. C'est l'imagination qui ainsi lui donne corps en nous et fait de cette *impressio* une force réelle. L'imagination vole au secours de Vénus, ou de Mars, dit Paracelse, comme la rosée et la pluie au secours du soleil.

Cela nous fait comprendre que l'image (l'image qui traduit un assentiment réel, un acquiescement profond) dès qu'elle est produite et qu'elle s'impose, peut connaître une certaine existence autonome. Elle devient alors un visage, une *species*, de la force sidérale en nous. Disons qu'elle acquiert une existence magique – à la différence d'une simple pensée, ou d'une banale représentation. Aussi s'inscrit-elle, en prenant ainsi corps, dans le monde sidéral et continue d'y être active. Elle y crée comme une nodosité, un point d'action. Ainsi se met à exister l'image (de l'authentique imagination), un peu comme l'enfant qui, bien que produit par la mère, acquiert, dès le moment de la conception, un être propre.

C'est grâce à cette existence magique que s'explique l'action d'une volonté sur une autre ; en d'autres termes, c'est ainsi que le mage s'empare de la volonté d'autrui : par l'imagination il agit sur le corps sidéral de la personne à qui il fera exécuter ce qu'il commande. Et c'est de la même manière qu'il communique à distance.

Bien plus. Le dynamisme de l'imaginaire ne se limite pas à l'action ponctuelle sur un être ou sur une chose. L'être magique de l'image perdure et continue d'être actif dans le monde sidéral (qui est son lieu propre). Si c'est l'image d'une action néfaste, il lui arrive d'infecter le monde sidéral lui-même. Un homme, violemment motivé et qui, par son désir, a su innerver la puissance même du *Gestirn*, peut contrarier le milieu sidéral de tout son entourage, et par conséquent infecter le Ciel. Ce n'est donc pas impunément qu'on libère les forces de l'imaginaire. L'imagination de l'homme fonctionne dans ce cas comme une

De la magie

semence. De sorte qu'il n'est pas faux de dire que l'homme, en un sens, commande au *Gestirn*, c'est-à-dire au monde invisible, et cela en bien comme en mal. Il est des hommes qui ont été des fléaux pour le Ciel de leur temps. Il en est d'autres, par contre, qui y déposent des germes de nouveauté, et l'*Anima Mundi*, dit Paracelse, produit alors des fruits analogues. L'action est réciproque.

C'est là un point assez remarquable de la doctrine, et Paracelse prescrit au médecin de voir dans la maladie qu'il soigne non seulement ce qui y est actif en provenance du climat, de l'aliment, de la saison, du lieu, etc. mais aussi ce qui vient de l'entourage du malade, du Ciel infecté, contaminé, qui détermine sa psyché.

Il est inutile de rappeler ici que le malade ne guérira que s'il croit à sa guérison, s'il a la foi ; que le médecin lui-même n'est un bon médecin que s'il a la foi et qu'il sait mobiliser l'imagination du malade en vue de la guérison. L'imagination, nous rappelle Paracelse, est confortée et parfaite par la foi. Car le doute brise l'œuvre. Si nous n'imaginons parfaitement, si nous ne croyons parfaitement, alors notre action demeurera incertaine.

Pour cela il ne suffit pas de dire : je veux ou je crois. Il faut que du tréfonds de nous-même, de notre *Gemüt*, de là, dit Paracelse, où nous nous trouvons entièrement réuni, naisse une adhésion et un acquiescement *sans distance*.

Il est clair que Paracelse a été un tel médecin, magicien, étonnant. Ses guérisons spectaculaires ne sont pas dues uniquement aux remèdes qu'il administra. Ceux-ci furent d'une grande simplicité à côté des thériaques de son époque. Le remède servit à ébranler, à mettre en mouvement l'imagination du malade. Les pilules qu'il portait dans le pommeau de sa fameuse épée ont été l'adjuvant de son action magique. Et personne ne peut guérir, avertit Paracelse, contre l'imagination de son malade.

Introduction

Cette foi, c'est évident, est une foi naturelle, car Paracelse n'a en vue que des forces naturelles. Il y a des mages, et il y a des saints ; le saint agit par Dieu, le mage par la nature. Le surnaturel n'est ni nié, ni refusé : il est mis entre parenthèses, afin que se libère, pour la spéculation, un champ d'investigation cohérent, celui de l'ordre naturel. Pour Paracelse et pour son temps, cet ordre naturel peut toujours être tenu en échec par une intervention surnaturelle : Dieu domine la nature qu'il a créée. Mais il importe de ne pas tout confondre.

Cette foi naturelle, toutefois, est plus difficile à entendre que la foi surnaturelle, car celle-ci est pensée sur le modèle de l'intervention volontaire, au bénéfice d'un sujet. La foi naturelle, par contre, suppose une adhésion qui ne relève pas de cette intelligibilité de sorte qu'il se produisent de regrettables méprises.

Quelle est la nature de cette foi ?

Il faut rappeler que la foi, au temps de Paracelse, est alors un concept neuf. Il gagne son importance avec les discussions propres et internes au mouvement des Réformateurs. En effet, la foi n'est pas une simple croyance. Croire au magistère de l'Eglise génère des croyants – et des incroyants ; il s'agit alors d'une référence à une doctrine ou à un enseignement. La foi authentique est d'une autre nature. D'une certaine façon elle est toujours absolue, c'est-à-dire non référée à autre chose. En ce sens elle n'a pas de contraire : elle est ou elle n'est pas. Elle peut, par conséquent, inspirer la crainte à toute instance édictant une orthodoxie. *Crainte* pour l'autre, *risque* pour soi – cela va de pair.

Pour Paracelce la foi est action, une action qui s'accomplit par et en elle-même, qui ne découle pas de l'adhésion à une doctrine. Elle est aussi don *(Hingabe)*. L'homme de foi laisse être, laisse vivre en lui ce qui fait l'objet de sa foi ; par exemple, la parole

De la magie

de Dieu. Le recours à l'Ecriture prêché par les Réformateurs, et la liberté laissée à chacun de s'y investir selon sa propre lumière font partie de la nouvelle donne. La foi ne vient donc pas du Père, ni du Fils, mais des deux, qui ensemble sont uns dans l'Esprit saint. Penser ainsi, c'est penser que la troisième astronomie est celle de l'Esprit, comme les précédentes ont été celles du Père et du Fils. C'est une construction cohérente ; une pensée pour ainsi dire orthodoxe, c'est-à-dire sans transgression. Si elle a été, le plus souvent, celle de Paracelse, chrétien authentique, il est des propos qui semblent indiquer une autre direction, plus remarquable – plus décisive pour ce qui est de la question de la magie.

Dans le Traité sur *Les maladies invisibles,* nous lisons : « Il convient, en ce qui concerne la foi, de faire des distinctions. Il ne s'agit pas [ici] de la foi en le Christ, de celle qui rend bienheureux ; il s'agit de la foi innée que nous tenons de Dieu le Père. Nous ne parlons donc pas ici de la foi qui procure le salut, mais d'une foi dont il n'a pas été question jusqu'ici, car la foi en le Christ part de lui et retourne en lui » (IX, 267). Il s'agit d'une foi qui fait fond sur une capacité humaine originaire, primitive, capable d'entrer en contact avec Dieu et, en même temps, d'être efficace dans le monde.

Il faut bien reconnaître que Paracelse – à considérer l'ensemble de son œuvre – s'adresse plus souvent et plus facilement à Dieu qu'au Christ. Il en découle une conception de la foi beaucoup plus radicale que celle prêchée par les églises réformatrices alors naissantes. Celles-ci ne tendent-elles pas, comme malgré elles, à élaborer des doctrines auxquelles il est demandé d'adhérer, d'y croire ? Or l'homme de foi, tel que Paracelse l'entrevoit, transcende la croyance : il cherche à se rapprocher de Dieu **sans** intermédiaire, sans l'intermédiaire des églises – c'est un trait constant – sans l'intermédiaire même du Christ. L'Ancien Testament revêt sous ce rapport une importance certaine.

De la foi, Paracelse parle toujours avec enthousiasme. « Rien ne se fait sans foi » écrit-il ; « toute notre force réside dans la foi » (IX, 260). La foi surmonte tous les obstacles, lit-on ailleurs (XII, 183). L'idée que la foi transporte les montagnes ne quitte pas son esprit. Il s'en sert comme d'une incantation, la répétant sans cesse. Mais cette foi n'a, apparemment, pas grand-chose à faire avec le Christianisme. « Elle existe chez les païens, les Turcs, les incroyants, etc., et produit chez eux des prodiges, mais non pas au nom du Christ » (XIV, 349).

Cette foi n'est liée à aucune religion, et ne peut l'être, car elle n'est pas adhésion à un dogme à l'intérieur d'un magistère. L'homme de cette foi est un mage, le grand-prêtre d'un *autre* pouvoir. Il en est question par exemple dans la *probatio* des « arts incertains ». Nous lisons : « Il est nécessaire de réfléchir à la nature de la puissance pensante *(gedanke)*. Je prétends qu'en vérité ce dont est capable cette puissance, ni le *Gestirn*, ni les éléments n'en sont capables ; elle s'affirme en face d'eux et les dépasse. Elle est libre, et n'est dominée par rien. C'est dans cette puissance que réside la liberté de l'homme ; elle surpasse la lumière naturelle. C'est d'elle que naît un mouvement *(motor)* qui ne vient ni des éléments, ni des étoiles. Et puisque la puissance pensante est à ce point efficiente qu'elle domine le *Gestirn* et les éléments par l'esprit nouveau qu'elle engendre, pourquoi ne serait-elle pas à même de réaliser des œuvres différentes de celles des éléments et des étoiles ? La puissance pensante engendre un Ciel neuf, un Firmament neuf, et, conjointement, un nouveau pouvoir d'où découlent des arts inédits… ; l'habileté propres à ceux-ci ne dérivent pas de l'influence sidérale » (XII, 183).

Mais ce nouvel Olympe est difficile à penser. Nous avons évoqué l'image (l'image authentique) comme force formante *(bildende Kraft* en l'homme : *Einbildungskraft)* ; il faut la rapprocher du terme *Gedanke (denkende Kraft* en l'homme), puissance pensante. En réunissant les deux termes, nous désignons la puissance (imageante-pensante) que Paracelse appelle *libre* – libre au delà de toute doctrine, de toute institution, de tout interdit. Cette liberté est *hybris* ; elle transforme la puissance pensante en force spirituelle capable d'atteindre tout ce qu'elle projette – de transporter par conséquent des montagnes. La puissance pensante se mue en force opérante. Suprême magie. Si nous faisons un pas de plus nous n'aurons même plus besoin de parler de force opérante : la parole même fait être. L'homme ultime sera devenu Dieu !

Un acte de force, en ces temps d'inquiétude religieuse et métaphysique ! Cela a mûri en cet homme de la solitude qui a laissé prendre forme en lui des visions étonnantes que les puissances primitives du monde pouvaient, par delà toute règle, y susciter. A-t-il reculé devant ce qui a pu ainsi prendre forme ? A-t-il seulement essayé de porter au langage ce qui se situe si loin de tout discours ? On ne sait. Des esprits zélés et orthodoxes ont-ils détruit un texte qui, par delà toute doctrine humaine, désignait une foi qui fait peur – une foi par delà le bien et le mal ? Toujours est-il qu'il demeure un point aveugle en cette étonnante *Astronomia Magna,* pour ce qui relève de son Livre III. Cela est d'autant plus troublant que, outre ce texte de la troisième astronomie, fait également défaut – dans le corpus des écrits de Paracelse – le chapitre II du Traité des *Maladies invisibles,* intitulé : *Des influences du Ciel secret, selon quelles voies et sous quelles formes il est actif en nous,* qui devait aborder la même question-limite de la nouvelle foi. Ce n'est que par des notations éparses à travers l'œuvre – qui, elles, n'ont pas été effacées – qu'il nous est permis non pas de reconstruire le texte qui fait défaut, mais au moins esquisser les contours d'un creux.

Nous tenons là un fil conducteur qui nous permet de nous faire une idée du mage agissant par l'imagination et la foi du nouvel Olympe. C'est peut-être la conception la plus téméraire et la plus présomptueuse qui ait été formulée au cours de

Introduction

notre histoire occidentale. Jamais l'homme n'a été envisagé selon une pareille plénitude. Il se hisse, en cette figure du mage du nouvel Olympe, jusqu'à devenir, en toute humilité, l'égal de Dieu.

(Il va de soi qu'il conviendrait d'interroger aussi ce terme de « Dieu ». Il n'est plus question, ici, de Dieu-le-Père dont l'enseignement et la prédication épelaient alors les attributs : créateur, omniscient, juste, bienveillant, etc. Cette idée d'un Dieu *très humain* est fort éloignée de la conception d'un Dieu force primordiale du monde, insondable. Ces glissements sémantiques sont constants dans l'œuvre de Paracelse ; le Dieu des chrétiens, enseigné par le magistère des Eglises, interfère constamment avec ce Dieu plus lointain, abyssal, sans attributs assignables).

Le mage maléfique

« Il n'est pas contraire à la foi, ni contraire à l'ordre de la création », de penser que les puissances infernales exercent dans le monde leur influence et cela selon les mêmes formes que les autres astronomies ; et qu'il existe par conséquent des mages maléfiques, c'est-à-dire des hommes susceptibles de tirer à eux ce pouvoir et de l'exercer. Cet exercice se distingue toutefois de celui des autres figures de mage puisqu'il est ordonné au mal et qu'il tend, partout, à pervertir l'ordre institué par Dieu.

Mais le mal n'est pas une notion évidente. Le monde paracelsien n'est pas dualiste. Satan n'est pas un anti-Dieu : il fait partie de la création et ne représente pas une réalité négative subsistant, de toute éternité, parallèlement à Dieu. Nous vivons néanmoins des postulations contraires, désignées par les termes du bien et du mal, de la perfection et de l'imperfection, de l'humilité et de l'orgueil, etc. Elles sont internes à l'existence, et non importées ou imposées du dehors par quelque puissance existant en soi. L'on sait que les dieux de l'Olympe se combattaient ; mais ils demeuraient des dieux. Il en va de même, mutatis mutandis, ici. Satan, prince du mal, est contre l'ordre voulu par Dieu, mais il se trouve compris dans la totalité du créé. Son empire demeure dans la main de Dieu.

Pour rendre compte de l'origine du mal, Paracelse a recours à l'explication mythique véhiculée par la tradition biblique. Lucifer s'est révolté contre son créateur et a été déchu. Cela se passe bien avant la création de l'homme. Le mal résulte d'une défection à l'intérieur même de la sphère des esprits entourant et contemplant Dieu. Il est de l'ordre de l'accident. L'homme n'est donc pas l'auteur du mal ; au contraire, il sera, au Paradis terrestre, la première victime de la séduction, exercée sur lui par les puissances déchues.

Les infernaux n'ont pas été créés comme infernaux : ils ont été et demeurent des anges (XII, 417). Mais de même qu'il existe une deuxième naissance pour l'homme (gratifiante), il a existé une deuxième naissance pour une partie des anges (dégradante). C'est sur cette explication mythique que vient se greffer l'interrogation (philosophique) de Paracelse : comment a-t-il été possible qu'au sein de l'ordre créé – qui fut d'emblée spirituel et pur de tout élément terrestre (puisque le monde n'était pas encore) – ait pu s'insinuer cette faille ? Paracelse ne trouve pas de réponse ; on ne peut savoir, dit-il, et on ne peut comprendre (XII, 418). Et pourtant, poursuit-il, le mal existe et ses effets sont visibles de par le vaste monde.

Que Lucifer demeure actif dans le monde constitue une autre énigme pour Paracelse. Il faut expliquer cette efficience. Lucifer a, certes, été rejeté par Dieu du rang qu'il occupait dans la hiérarchie des anges ; mais s'il a perdu sa place, pense Paracelse, il n'a perdu ni son intelligence, ni son art. Et c'est parce qu'il a conservé son savoir-faire qu'il est à même d'intervenir dans le monde et qu'il utilise ses talents à mal faire (XII, 414).

Introduction

Comment agissent les anges déchus ? Ils n'ont pas de projet ; ce qu'ils font ne leur est pas utile. Ils agissent pour rien, simplement pour contrarier l'ordre ; ils trouvent leur contentement dans le fait de pervertir. Leur action n'est pas ordonnée à un résultat, mais vise simplement à insinuer en tout acte posé un facteur déviant en vue de l'altérer. C'est pourquoi, estime Paracelse, il faut demeurer vigilant ; la prière du *Pater* prend alors tout son sens (« ne nous laisse pas induire en tentation »), car la ruse de Lucifer et des siens est grande : ils ne cessent de surprendre l'homme, et y réussissent d'autant mieux que l'homme est distrait.

Paracelse ne se lasse pas de décrire et de dénoncer les mille et une façons qu'a l'Esprit du mal de contrarier, par la séduction qu'il exerce sur l'homme, l'ordre institué afin de le pervertir. Si le tailleur fait des vêtements pour permettre à l'homme de vaquer normalement à ses occupations, les esprits malins lui suggèrent de faire des habits pour la vanité. Le pourpre devient, sous sa plume, le signe emblématique de cette perversion. Il en va de même pour toutes les autres activités humaines : faites ceci, ou faites ainsi, et vous serez comme des dieux !

Le mage maléfique, inspiré par la puissance infernale, agit comme les mages des autres figures : en inscrivant son action dans le monde visible. Qu'il soit mage céleste, ou mage de l'ombre, il s'agit toujours d'actions se déroulant dans l'espace naturel. Ce champ est par conséquent le dénominateur commun à tout acte magique, même si son origine et sa finalité se situent sur un plan différent. Il existe de la sorte une intrication inévitable de toutes ces forces de l'invisible empire – forces vivantes, imprévisibles, qui tous les jours, dit Paracelse, sont neuves.

Qu'est alors le mage des puissances chtoniennes ? Il est difficile de l'exposer. Si l'on sait ce qu'est un don et comment l'Astre peut, si l'homme est disposé, faire fleurir un art, on sait moins ce qu'est l'influence mystérieuse qui incline l'homme à mal faire. Le vocabulaire déjà induit en erreur. Il existe en effet une vaste littérature démonologique qui parle du diable et des démons comme des êtres qui nous entourent et qui incitent à faire le mal.

(Pour ce qui est de la croyance à l'existence de démons, Paracelse demeure en retrait par rapport aux aristotéliciens ses contemporains et se contente de l'explication mythique reçue. Nifo, par exemple, dans son *De demonibus* (1503), cherche à « prouver » l'existence de démons par le fait qu'il reste de l'irrationnel dans l'expérience, du non-expliqué : puisque nous observons des phénomènes bizarres et inhabituels dont nous ne savons rendre compte, il doit exister des êtres invisibles et cachés dont ces phénomènes sont les effets).

Cette personnification des forces du mal est souvent une facilité rhétorique. Il arrive à Paracelse d'emprunter le langage de la prédication religieuse, et de parler de Satan – d'autant plus que l'Evangile lui-même évoque le diable, lorsqu'il est question par exemple de la tentation du Christ. Et dès que l'on quitte ce langage anthropomorphique, l'on tombe dans la métaphore : on parle de forces qui nous tirent vers le bas, ou de pesanteurs inhérentes à nos pensées et à nos actes. Que ce soit l'un ou l'autre langage, Paracelse cherche par là à désigner cette puissance invisible, interne à l'homme, dont l'effet est de le détourner de sa vocation. Les mots manquent pour le dire, mais le fait est patent.

Le mage qui agit en phase avec la puissance infernale est, comme tout mage, un homme puissant, et d'autant plus puissant qu'il s'en est laissé envahir. Séduit, il cherche à séduire à son tour ; il séduit par l'acte spectaculaire qu'il pose. Les mages égyptiens aussi faisaient des prodiges et les opposaient à ceux qu'accomplissait Moïse. Mais leur geste était d'origine naturelle. Le geste du mage maléfique est d'inspiration diabolique ; à ce titre son intention est de pervertir l'ordre, d'inciter les autres hommes à la démesure, à susciter en eux cet excès qui fit chuter Lucifer. Il

Introduction

incarne alors, dans une espèce de plénitude, la volonté du mal pour le mal.

L'on voit qu'il n'est guère possible de parler des puissances chtoniennes sans tomber dans l'anthropomorphisme le plus ordinaire. L'on sait suffisamment comment la tradition populaire a imaginé cette complicité du mage et de la puissance d'« en bas » : comme une alliance de l'homme et du diable assortie de rites plus ou moins mystérieux. Or, il ne s'agit pas de cela chez Paracelse, nonobstant les facilités de langage.

Le mage de l'ombre tire à lui les forces chtoniennes comme le mage de la nature est complice des forces astrales. L'action magique passe toujours par un *médium* ; et toujours aussi le spectaculaire la connote. Le mage maléfique agit pour impressionner les hommes et les détourner, par ses actes sacrilèges et blasphématoires, de l'ordre voulu par Dieu. Dans le concert des forces invisibles dans lesquelles l'homme se trouve pris, il y a aussi ces influences-là qui tirent l'homme vers l'inattention, l'intempérance, la débauche, etc. Le mage maléfique est l'homme qui trouve, dans la complicité avec les puissances de l'ombre, le moyen de s'affirmer hors de l'ordre voulu par Dieu. Mais l'origine de cette perversion demeure inexpliquée.

Les textes

Le premier texte est intitulé : *in probationem artis magicae*. Le terme de *probatio* est utilisé par Paracelse à propos des neuf « religions » ou membres de l'*Astronomia magna* : il s'agit, pour chaque domaine, d'en manifester l'essence spécifique. La démarche est appelée *probatio*.

Il n'est pas aisé de rendre ce terme en français. On est tenté de le traduire par « preuve » ; mais quoique lexicalement correcte, cette traduction ne rend pas compte du cheminement de la pensée de Paracelse. Le terme de preuve s'inscrit en effet dans un contexte intellectuel et scientifique (le nôtre) qui n'a aucun rapport avec l'espace idéologique au sein duquel Paracelse conduit ses « démonstrations ». Prouver désigne une opération contraignante pour l'esprit qui doit aboutir, dans notre logique, à une proposition irréfutable. La « logique » de Paracelse emprunte d'autres chemins, et la conclusion à laquelle il veut parvenir ne relève pas de la déduction ou du syllogisme. Au contraire, la vision que Paracelse veut promouvoir à propos des différentes régions de l'*Astronomie* mobilise la pensée d'une autre façon : par répétitions, par renvois multiples, par éclairages réciproques, par analogies, etc., il cherche à provoquer un « voir » – ce qui est tout autre chose qu'une déduction logique. Il ne s'agit jamais pour Paracelse de mettre la pensée d'accord avec elle-même ; mais plutôt de la faire éclater, afin que par cet acte disruptif se montre ce qu'aucun raisonnement ne peut donner.

Puisqu'il s'agit de magie et que d'après Paracelse celle-ci se trouve confondue par l'opinion avec des pratiques superstitieuses et aberrantes, il convient de lui assurer une légitimité. Le terme de *justification* semble par conséquent être le mieux à même de traduire de façon sémantiquement correcte celui de *probatio*. Le texte s'intitulerait donc : justification de l'art de la magie. Rendre justice à l'authentique magie, la légitimer ; et montrer que les accusations formulées contre elle ne sont pas fondées – voilà l'office de cette *probatio*.

La démonstration se fait dans un contexte à la fois métaphysique et théologique – sur fond d'un système de correspondances dans lequel tous les êtres de la création se font écho les uns aux autres parce qu'ils sont ontologiquement parents ; ils se « répondent » parce qu'ils ne sont ni absolument *identiques*, ni absolument *différents* et indépendants : ils existent dans un entre-deux qui brouille suffisamment les choses, sans toutefois les obscurcir totalement, pour que tout dans le monde se trouve

Introduction

foisonnant de *signes*, c'est-à-dire d'une invitation à chercher plus loin. Le signe, en effet, ne cache ni ne découvre : il ouvre le champ à l'herméneutique. Pour celui qui sait décrypter, toutes les figures du monde se répondent, se rapprochent pour engendrer un immense concert de ressemblances et de reflets.

Dans cet écho sans fin, aucune conclusion définitive ne peut théoriquement être obtenue puisque, en fait, toute ressemblance renvoie toujours plus loin, de façon illimitée. C'est un mouvement ouvert où la répétition est appelée à engendrer l'adhésion, car le savoir obtenu repose sur un entassement sans fin de confirmations s'appelant les unes les autres ; ce n'est jamais un savoir clos sur lui-même. Nous pensons l'unité du plan de la création à partir des analogies que nous observons, et nous concluons à la validité des analogies parce que nous estimons que Dieu agit pareillement en toutes les parties de sa création. Le cercle est manifeste ; mais il est impossible de l'éviter dès que nous nous installons dans le système de pensée qui fait de la ressemblance le principe de connaissance, et de l'analogie la disposition de tout savoir.

Le texte de la *probatio* est exemplaire sous ce rapport. Ecoutons Paracelse : si la puissance sidérale se retrouve dans le remède administré par le médecin parce que Dieu l'y a installée, pourquoi le mage, qui est l'adepte de l'Astre, ne serait-il pas capable de confier une vertu donnée, de manière analogue, à un objet visible – par exemple à une pierre ? Ainsi raisonne Paracelse ; ou encore : l'artisan peut imposer par son art une forme à un morceau de bois, puis une autre forme la modifiant ; pourquoi, si le corps élémentaire est capable de réaliser de telles transformations, le mage ne pourrait-il pas opérer des transformations analogues par l'intermédiaire du corps spirituel ? Ou plus simplement encore : de même que le potier peut façonner divers ustensiles avec la même argile, le mage doit pouvoir imprimer différentes formes à un être donné. Paracelse écrit aussi : celui qui hérite une fortune de son père peut en disposer à sa guise ; si donc le mage est l'héritier de la puissance de l'Astre, pourquoi ne pourrait-il pas en disposer selon sa volonté et en faire l'usage qu'il souhaite ?

Dans ce type d'inférence règne une espèce d'incantation : par évocations successives de ce qui semble aller de soi dans un domaine donné (la médication, l'art du sculpteur ou du potier, l'usage social, etc.), on crée, par transport d'évidences, un assentiment qui relève d'un entraînement où l'imagination – donc dans une certaine mesure la magie elle-même – n'est pas absente. La répétition procure, comme par enchantement, une satisfaction spéculative puisqu'en même temps elle est promesse de révélations continuées que le parcours sans fin semble autoriser. Par rapport à la logique sèche et contraignante d'aujourd'hui ce type d'inférence, purement inductif, revêt une connotation poétique et dénote, vis-à-vis du monde de la création, une attitude plus réceptrice que dominatrice.

Toutefois dans cet espace sillonné en toutes directions par les multiples lignes de repères analogiques, il existe un point privilégié : l'homme. Il a rapport à l'Astre comme il a rapport aux éléments : il est le miroir du cosmos. Les analogies y aboutissent et en repartent : il est le *centre*, dit Paracelse. Etant le centre, non seulement il sait décrypter les signes, être l'herméneute, mais encore il sait comment suivre les ressemblances qui d'un bout à l'autre parcourent le monde, et en tirer le meilleur parti pour son action. Le mage est maître de cet art.

Le deuxième texte, fort court, est également tiré de l'*Astronomia Magna*. Il est symétrique au premier. Il obéit à la même logique d'exposition, mais il n'en a pas le souffle. Certes, il montre comment l'action du mage céleste – s'appuyant sur la puissance divine (qui dépasse celle de la nature) – est instantanée et souveraine ; mais il manque d'originalité : tout ce qui y est dit relève de la rhétorique édifiante, propre à la vision chrétienne du monde.

On y relève toutefois une idée nouvelle par rapport à la longue dissertation sur la magie naturelle : c'est la mention de l'intervention possible du mage céleste *post mortem*. Le mage céleste (identifié au saint) jouit après sa mort terrestre de l'immortalité. Il lui est donc possible de continuer d'intervenir dans le monde des vivants. En ses écrits théologiques, Paracelse se référera à cette possibilité pour justifier l'invocation des saints.

La faiblesse argumentative du texte est évidente. Paracelse n'a pas su concevoir une *logique propre* à la manifestation de la puissance divine ; il imagine l'action du mage céleste sur le modèle du mage de la nature. Son éducation chrétienne l'en a-t-il empêché ? Toujours est-il qu'il est plus libre et plus original lorsqu'il parle de la foi du nouvel Olympe, de la foi « absolue ».

Le troisième texte est extrait du traité intitulé *Labyrinthus medicorum errantium* (1537-1538) — légèrement postérieur à la rédaction de l'*Astronomia Magna*. Il est question, en ce traité, du fondement de l'art médical et plus spécialement de la connaissance que tout vrai médecin doit posséder pour ne pas « errer ». Errer, s'agissant du médecin, consiste à soigner et à appliquer des remèdes simplement parce que c'est écrit dans les livres, parce que Hippocrate ou Galien l'ont préconisé. Or, dit-il, ce n'est pas dans les livres que l'on trouve la connaissance des maladies et des remèdes, mais par « une révélation certaine », par la lumière que la nature allume en nous lorsque nous n'en sommes pas distraits. Cette illumination est magie. C'est elle qui nous fait voir l'invisible, et tous les mystères cachés dans la nature ; et cela aussi clairement que le soleil passe à travers une vitre.

Ce texte, riche et mieux conçu que les précédents, contient une remarquable échappée sur la vertu de la connaissance : la connaissance donne la foi. En effet, pour Paracelse, c'est la non-connaissance qui est source d'errements et d'inconduites (l'idée de labyrinthe indique que cette situation est sans issue). Dès que, par la magie, l'invisible nous est révélé, nous ne pouvons pas ne pas y adhérer, ne pas l'aimer. Nous sommes alors comme hypnotisés et fascinés par ce qui se donne à nous dans cette *lumen naturae*. L'art de la médecine demeure sans fondement hors de cette connaissance.

Le quatrième texte est tiré de la *Grosse Wundarznei* de 1536 – et est donc légèrement antérieur à la *probatio artis magicae* de l'*Astronomia Magna*. Ce grand traité des plaies et blessures constitue un des rares ouvrages, en tous cas le plus volumineux des écrits de Paracelse, paru de son vivant. Il a connu plusieurs éditions.

L'ouvrage témoigne de l'expérience d'un médecin ; il y est question de blessures, de fractures, de morsures, d'ulcères, bref, de maux alors entraînés par le manque d'hygiène, les guerres et, en général, par les conditions de vie de l'époque.

Il est dit, dans la Préface, que le but est de trouver un fondement à l'art médical. Les arguments sont les mêmes que ceux qui seront développés dans le *Labyrinthe*. Si la médecine a été pratiquée de façon erronée, la faute en incombe aux médecins qui n'ont pas cherché à connaître la nature des choses à partir des choses mêmes, mais dans les livres. Cet art, si subtil, doit s'appuyer, écrit Paracelse, sur une connaissance immaculée (*unbeflekt*), susceptible de fonder une pratique assurée. « Cet art s'appelle la magie ; mais ceux qui s'occupent des choses de la nature ne l'ont pas comprise, et ils ont parlé de sorcellerie »

L'intention de défendre la vraie nature de la magie est ici manifeste ; cette authenticité ne peut être administrée : elle relève d'un vécu intérieur, d'une vision intérieure, incommunicable. C'est pourquoi elle ne peut être jugée de l'extérieur.

Ce texte retient essentiellement comme conception de la magie le transfert d'une force supérieure dans un élément terrestre.

L'enjeu

L'importance d'un écrit – celui de la *probatio* – aussi peu soigné dans sa rédaction et, de plus, fort court, ne réside pas seulement dans le contenu du texte, mais aussi dans ce à quoi il fait constamment référence (à savoir la conception paracelsienne de la connaissance), mais aussi dans ce qu'il indique par delà lui-même (une vision de l'homme), enfin dans ce qu'il annonce (le rêve de puissance de l'homme de la Renaissance).

La connaissance n'est-elle pas une opération magique ? Paracelse ne cesse de le répéter à travers toute son œuvre. « Toutes choses sont révélées par l'art de la magie » (XI, 204). Tout, en effet, se décrypte par signes, que ce soit la nature, que ce soit l'Ecriture. Mais il n'y a de signes que pour celui qui sait voir ; et ce qui est à voir n'est pas visible par l'œil de chair. C'est cette interpénétration du visible et de l'invisible, de l'un dans l'autre, qui est magique. Car il n'y a pas de signe en soi. Le signe n'existe que pour l'œil que la lumière de la nature ou la lumière de l'esprit a doté de la faculté de rendre le monde ambigu. La magie c'est l'art de créer du savoir par le regard « sagace » porté sur les choses ; voir les choses comme elles sont et en même temps comme évanescentes par rapport à ce qu'elles sont pour laisser paraître ce qui les habite : devenant « doubles », elles font signe. De cette façon tout dans le monde est signé.

La connaissance magique n'est donc pas une connaissance à côté d'une autre que nous appellerions normale ou rationnelle : elle est la connaissance – la véritable connaissance. Car la connaissance non seulement consiste en un voir, mais, voyant, elle découvre la merveilleuse disposition que Dieu a célé au plus intime de la nature. Ce n'est pas un froid savoir, mais un savoir (une révélation) qui engendre la joie, dit Paracelse. C'est la rencontre d'un désir et de son objet, et cet objet c'est précisément la nature, elle-même magicienne (*maga*). Qu'y a-t-il de magique au sein de la nature ? Essentiellement sa capacité (qui engendre l'admiration) de produire ce qu'elle produit ; elle sait faire ce qu'aucun homme ne saurait faire : faire fleurir le poirier, lui faire porter des fruits ; doter la persicaire ou le chardon angélique d'une vertu qui guérit ; rendre ingénieux le forgeron en son art, etc. Cette puissance remplit d'enthousiasme celui qui est disposé à laisser la nature allumer en lui sa lumière. C'est cela, cette illumination intérieure, qui est magique.

Si la connaissance est enthousiasmante, l'action magique l'est aussi. Cette autre dimension de la magie (l'intervention extraordinaire dans le visible), Paracelse la décrit le plus souvent en référence aux récits bibliques et aux faits miraculeux qui sont pour lui des données de fait. C'est la toile de fond de l'idée qu'il se fait de l'homme accompli représenté par le mage – figure idéale.

En effet, le mage a existé. Paracelse le répète. Les premiers médecins étaient des mages, dit-il ; c'est dire qu'ils étaient des « voyants » – ils voyaient la maladie agir dans le malade, ils voyaient la vertu dans la plante susceptible de guérir, ils voyaient la maladie évoluer jour après jour, etc. ; ainsi instruits ils agissaient comme personne n'était à même de le faire. Que le mage ait existé, la Bible aussi le prouve ; également les légendes véhiculées par l'opinion. L'atmosphère est alors aux récits merveilleux.

Mais le mage est aussi à venir : lorsque le Christ reviendra, ou lorsque le monde se réformera. Pour l'heure Paracelse constate plutôt la disparition des mages. Et c'est bien là une des raisons pour en redessiner les traits ; pour l'imaginer.

Introduction

Le mage devient, sous la plume de Paracelse, l'image de l'homme accompli, de l'homme en sa plénitude – loin de l'homme ordinaire qui est pris dans mille et un handicaps qui l'empêchent de voir, donc de connaître, donc d'agir. Il vit pour ainsi dire hors de sa destination d'homme à la périphérie des choses. Dans l'*oubli* ; oubli de sa vocation, oubli des mystères de la nature, oubli de la parole de Dieu. Les multiples institutions, usages, écoles créés par les hommes font partie de l'histoire de cet oubli qui est comme le ver dans le fruit. C'est l'histoire d'une décadence. Le sauveur est venu dans le monde et les hommes ne l'ont pas reconnu, dit la Bible. Paracelse pense un peu de même, et se croit méconnu. Au creux de la vague, il se plaint de la déchéance où est tombé le monde, et la dénonce. Vu sous cet angle le mage est la projection utopique d'un type d'homme dont son époque fait, à quelques exceptions près, défaut. Sur fond de manque, le désir crée la figure du mage.

Cette figure transcende la condition humaine ordinaire. Ce faisant elle devient révélatrice de l'oubli où séjourne la foule. En effet, la gente oublieuse ignore qu'elle oublie. Mais dans l'ignorance où elle se trouve des conditions et des requisits de l'action magique, elle ne peut qu'être étonnée par les actes spectaculaires du mage, de sorte qu'à la vue de ces actes elle invente la légende du pacte avec le diable, des messes noires, des conjurations et autres superstitions.

Ce type d'homme, puissant et singulier, est pensé sur le mode de la nostalgie et de l'incantation. Tout autrement se donne l'image de l'ingénieur au seuil des Temps modernes. Le mage est puissant parce qu'il accueille en lui la force sidérale ; l'ingénieur est puissant parce qu'il mesure, qu'il dispose. Il n'interroge plus la nature sur ses secrets : il n'y a plus de secrets, la nature est pensée comme un ensemble inerte (in-ars, c'est-à-dire sans vie) soumis à des lois générales. Elle est manipulable à l'infini. La puissance de l'ingénieur n'a donc rien de magique : elle est de bout en bout pensable, transparente, prévisible.

L'on pourrait inférer de là que l'homme de la Renaissance en pays germaniques rêve différemment de la puissance que ne le fait l'homme en pays latins. L'idée de secret demeure une composante majeure de l'action du premier ; c'est pourquoi l'alchimie et l'astrologie sont autant en honneur et ne sont point accessoires : elles font partie du paysage. On rêve de faire de l'or, on consulte les astres, etc. C'est l'air du temps. Paracelse rejette la fausse magie, la sorcellerie et les pratiques occultes – tout comme il dénonce la fausse image de l'alchimie ou de l'astrologie. Le secret a, pour lui, une tout autre signification.

Nous taxons trop facilement cette vision magique de phénomène irrationnel. Nous pensons, en effet, l'irrationnel par opposition à l'idéal scientifique qui nous permet aujourd'hui de comprendre le monde et les choses. La magie, sur fond de la pensée d'aujourd'hui, ne peut revêtir que cet aspect-là ; mais elle n'est pas irrationnelle dans l'esprit de Paracelse. On pourrait soutenir le contraire : la cohérence spéculative s'impose à Paracelse, comme s'impose à nous la rationalité scientifique. Au nom de cette cohérence il veut et peut *justifier* la magie. Il ne peut le faire que sur fond de cette intention-là ; et c'est elle qui lui permet d'exclure de la magie des phénomènes de sorcellerie comme nous excluons aujourd'hui, à partir de notre système de pensée, la magie comme phénomène irrationnel. L'univers paracelsien est d'accord avec lui-même comme semble d'accord avec lui-même le nôtre. C'est à l'intérieur de chaque ensemble que se posent les problèmes de convenance et d'inconvenance, de compatibilité et d'incompatibilité, du rationnel et de l'irrationnel – mais non d'un système à l'autre.

Si donc nous acceptons d'entrer dans l'univers de pensée paracelsien et de suivre Paracelse dans ses développements et inférences, alors sa position ne nous paraîtra plus étrange. Comme nous n'avons guère conscience de notre système de pensée, c'est par opposition au sien que le nôtre devient visible et que nous nous apparaissons à nous-mêmes comme situés et datés.

Toutefois les affirmations de Paracelse nous atteignent, aujourd'hui encore, de curieuse façon : elles nous touchent en tant qu'elles font partie de l'histoire de notre pensée occidentale : c'est ainsi que l'on a pu penser à partir d'une vision du monde qui, certes, n'est plus la nôtre, mais qui ne nous est pas entièrement étrangère. Elle a été celle d'une partie de nous-mêmes, et nous atteint comme une forme d'existence humaine qui aurait pu être la nôtre en un autre temps. Le poids de l'histoire.

Mise en rapport avec notre commun destin, la position de Paracelse concernant la magie peut se penser comme l'esquisse d'une anthropologie philosophique, d'une anthropologie du désir et de la témérité : l'homme envisagé dans sa finitude, sa précarité, ses manques imagine le mage comme l'autre version de lui-même, comme la face non visible de lui-même. L'homme se pense ici à partir du *desiderium* (de *sidus*, la force sidérale) dans le désir et la nostalgie de son être plénier.

Textes

In probationem artis magicae.

Erſtlich vor allen dingen wil ich euch underricht geben und zu verſtehen, was magica ſei. eben das iſt ſie, das ſie die himliſche kraft mag in das medium bringen und in dem ſelbigen ſein operation volbringen. das medium iſt der centrum, der centrum iſt der menſch. alſo mag durch den menſchen die himliſche macht in den menſchen gebracht werden, alſo das im ſelbigen menſchen erfunden wird die ſelbige wirkung, ſo in der ſelbigen conſtellation möglich iſt. alſo wird aus dem ſelbigen menſchen, in den die magica gebracht hat ſolche vires, gleich der ſelbig ſtern, wie er an im ſelbs iſt, mit den ſelbigen ſecretis und arcanis; zu gleicher weis als wenn einer ein kraut iſſet, im ſelbigen iſt das kraut und ſeine vires, wie dan die vires ſeind. alſo iſt es auch im menſchen, vil oder wenig, in dem oder in einem andern. darumb ſo merken auf diſe declarationem ein ſolche probation. iſts müglich in menſchen gift zu bringen, arznei mit ſampt irer wirkung, durch den menſchen in ein menſchen, ſo iſts auch müglich dem aſtronomico magico die firmamentiſchen vires alſo in menſchen einzutreiben. und damit ir mich recht verſtehent, aus was grunt der magus handlet oder redet, das iſt der geborn magus: dan zugleicher weis wie natürlich der magus mag ein magum machen, wie ich gemelt hab, alſo ſo wiſſent, das in der conception ſolches auch geſchicht. das ſeind nur die gebornen magi. und magus lernt alein vom geſtirn und nit vom menſchen. darumb ſo wiſſent auf das, von der magica mer zu verſtehen dan bisher eröfnet iſt, und das alſo, das ein ietlich kunſt mit dem mann geboren wird, das iſt kunſt und mann miteinander in der entpfengnus. dan der menſch als ein menſch kan nichts lernen einen andern, alein magica lernet. und das iſt darumb der magica zugeſtellet, das got nicht wil, das ichts heimlich oder verborgen bleib, ſonder das alles offenbar werde, was er in der natur geſchaffen hat, das das ſelbig erfaren werd. darumb ſeind die gebot und geſaz geben, ander ding nicht zu tun, ſo ſolche erfarung hindern mügen, als hurerei, gleisnerei, ſchreiberei, wuche-

I

Justification de la magie naturelle
« *In probationem artis magicae* »
Astronomia Magna oder die ganze Philosophia sagax der grossen und kleinen Welt, 1537/1538, I, ch. VI.
Edition Sudhoff, t. XII, p. 122-137.

D'abord, et avant toutes choses, je veux vous expliquer et vous faire comprendre ce qu'est la magie. Elle réside essentiellement en ceci : en la capacité de faire passer la force céleste[1] dans le médium[2] et d'être à même d'y accomplir son œuvre. Le médium est le centre, et le centre c'est l'homme. C'est donc par l'homme que la puissance céleste peut être transférée[3] en l'homme, de sorte que celui-ci se trouve gratifié de la même efficacité que celle qui est propre à la constellation céleste correspondante[4]. L'homme en qui la magie a fait passer de tels pouvoirs, devient semblable à l'étoile d'où proviennent ces forces, avec les mêmes arcanes et les mêmes secrets. Lorsqu'un homme absorbe un remède, celui-ci se retrouve en lui avec toutes ses vertus et toutes les propriétés de celles-ci. Comme cela se passe, dans ce cas, en ce qui concerne le remède et ses vertus, cela se passe de la même façon en l'homme, tantôt plus, tantôt moins, tantôt en tel homme tantôt en tel autre[5].

Et voici la justification que j'apporte à mon propos[6]. S'il est possible à un homme d'administrer à un autre homme du poison, ou un remède, avec tous les effets qui en découlent, alors il est également possible à l'*astronomicus magicus*[7] d'importer les forces célestes dans un autre homme. Mais pour que vous m'entendiez bien et que vous compreniez à partir de quel fondement agit et parle le mage, sachez qu'il faut être né mage[8]. Car de la même façon qu'un mage peut transformer un autre homme en mage – comme je viens de l'évoquer – sachez que cela s'accomplit aussi au moment de la conception ; ce sont les mages de naissance. Le mage, en effet, apprend uniquement de l'Astre, non de l'homme[9].

Apprenez donc ce qu'il convient d'entendre au sujet de la magie et qui va bien au-delà de tout ce qui en a été enseigné jusqu'ici ; et notamment ceci, que chaque art naît avec l'individu, c'est-à-dire que l'art et l'individu sont conçus ensemble. Car l'homme en tant qu'homme ne peut rien enseigner à un autre homme ; la magie seule peut enseigner. Cet office est dévolu à la magie, parce que Dieu ne veut pas que quoi que ce soit demeure secret ou caché, mais que tout soit révélé, et que l'homme prenne connaissance de tout ce qui a été créé par lui dans la nature[10]. C'est dans ce but qu'ont été donnés les commandements et les préceptes : afin que l'homme n'occupe pas son temps avec ce qui pourrait constituer un obstacle à cette révélation, telles que la fornication, la duplicité, l'usure, l'écrivaillerie et autres choses semblables[11]. Celui qui s'y adonne, celui-là ne sera jamais plus un mage.

Il faut par conséquent que la magie existe, à cause de la révélation. Mais si une chose doit devenir manifeste, il faut qu'elle soit révélée par celui qui l'a cachée ; et qu'elle le soit à celui qui doit et peut la rendre manifeste, et qui a vocation pour cela. Personne ne sait interpréter le livre de la révélation[12] s'il n'est un mage – un mage-né ou un mage adepte. Ceux qui, en dehors du mage, s'avisent de proposer des interprétations ne sont que des esprits sans sérieux et sans principes ; ils font miroiter des couleurs et des artifices, et ne présentent des choses que des apparences[13].

Le Christ a dit : « Il y aura des signes dans le soleil, la lune et les étoiles… » ; sans la magie personne ne serait à même de les interpréter. Toutefois le mage qui en est capable n'est pas issu de l'Astre naturel ; c'est du Ciel surnaturel qu'il procède[14]. Lorsque le mage naît, la magie lui est donnée comme la vision est donnée aux yeux et l'audition aux oreilles[15]. Nous avons à titre d'exemple le fait que de tous les mages qui ont existé, aucun n'a appris l'art dans les livres, c'est-à-dire aucun ne l'a appris de l'homme mortel. Car si l'homme ne veut pas apprendre davantage que ce que lui enseigne l'école faite de pierres, s'il ne veut pas aller à la recherche d'un autre maître que celui qui est occupé à se chauffer derrière le poêle[16], il n'arrivera à rien et ne parviendra en rien à un fondement. Cet enseignement et cette magie sont authentifiés par le Christ qui dit : « Apprenez de moi, car je suis doux et humble de cœur » ; ou encore par Jacques qui dit : « Si quelqu'un a soif de sagesse, qu'il la cherche et qu'il la demande par la prière, car elle est en Dieu ». Sachez que celui qui a dit : « Il y aura des signes dans le soleil et la lune… » sait comment les interpréter ; le sage auquel il l'a révélé le sait également. Celui qui a proféré ces paroles, celui-là aussi instituera l'interprète[17].

Prenez encore cet exemple : dans quelle école a-t-on appris à extraire le métal du minerai, à le fondre et à le conduire jusqu'à sa parfaite qualité de métal ? Cela n'a pas été appris à l'école des livres ; les inventeurs de ces arts sont nés nantis de ce don ; on appelle ces arts des arts innés. Cela signifie que l'homme n'est pas capable de connaître par lui-même l'essence même des métaux. Mais lorsqu'on envisage l'homme en rapport avec la magie, alors on se le représente comme naissant avec les arts ; son devoir est alors de les découvrir, et de les révéler à d'autres. Un tel interprète ne peut-être qu'un mage-né, sinon rien ne saurait être manifesté, ni aucun art inventé[18] – et cela ne se peut que de la manière qui vient d'être évoquée. C'est pourquoi la sentence est juste : tout don parfait vient de Dieu ; cela veut dire que si l'homme est capable d'accomplir quelque chose de parfait, cela vient de Dieu. Ce qui n'est ni accompli, ni parfait ne vient pas de Dieu, mais provient de l'imagination de l'homme[19]. Vous avez à ce sujet l'exemple de l'alchimie. Il y a ceux qui veulent faire de l'or ou de l'argent ; ce n'est pas la juste voie. Ils battent de la paille sans grain : ce qu'ils font ne vient pas de Dieu, ce n'est que le fruit de leurs élucubrations. Par contre, du don qui vient de Dieu procède ce qui doit être[20], ce qui est selon l'ordre. Ce qui est trouvé hors de l'enseignement des hommes est *magica inventio* ; cela est parfait, et c'est la mère de la connaissance de toutes les choses cachées de la nature. C'est de cette façon que Dieu, par son école, nous révèle l'intelligence secrète de la nature ; elle nous est donnée à la naissance même. C'est à cette école que nous devons aller nous instruire. Dans les autres écoles on ne trouve rien de parfait ; au contraire, on ne fait qu'y radoter ; jamais on ne parvient à un terme véridique. Et ce qui est véridique est parfait. Les trois Mages qui sont venus de l'Orient à Jérusalem à la recherche du Christ n'ont pas puisé dans les livres la connaissance qu'un roi des Juifs devait naître là – au moment où ils allaient à sa recherche en suivant l'étoile. Ils ne l'ont pas appris de l'astronomie naturelle, ni de l'enseignement dispensé dans les écoles ; cette connaissance leur a été donnée, de même qu'elle avait été donnée à David qui avait prédit que de Saba et de l'île de Tarsis viendraient des rois apportant des présents. Non, ils ont reçu leur science de celui qui enseigne la magie[21].

Nous devons garder présent à l'esprit un certain nombre d'exemples à fin de manifester l'art de la magie. Si chaque exemple n'est pas développé autant qu'il conviendrait, néanmoins ce qui est nécessaire à notre démonstration y est suffisamment patent. Montrons d'abord ce qu'est l'art de la magie. En ce qui concerne les transformations, qui sont partie intégrante de la magie[22], il est possible de les rendre intelligibles en les comparant avec l'art des hommes ; l'homme est capable de réaliser une image sculptée à partir du bois, c'est-à-dire de donner au bois une forme nouvelle par rapport à celle qu'il possédait au départ. Si le bois a au départ l'aspect extérieur de l'arbre, le premier rabot venu est à même de faire disparaître cette forme, de sorte que l'arbre n'est plus dès lors reconnaissable comme tel, alors même qu'il a été la matière initiale. Un sculpteur n'est-il pas capable de modifier une forme qu'il a réalisée, et que demeure néanmoins la même matière ? Un peintre n'est-il pas à même de dessiner un motif, puis de le transformer en un autre et revenir de nouveau à partir de celui-ci au motif premier ? Si la nature permet de réaliser de telles opérations par l'intermédiaire de notre corps élémentaire qui est malhabile et grossier, combien davantage est-elle à même d'effectuer des transformations par l'intermédiaire du corps spirituel qui n'est ni grossier, ni lourd, mais, au contraire, aussi subtil que l'est un rayon de soleil[23]. Si le corps élémentaire peut imposer au bois une forme nouvelle, combien davantage le corps spirituel est-il capable de conférer à une pierre ou au bois des figures et des formes nouvelles. Le corps élémentaire ne peut que s'émerveiller devant de telles transformations. Il est vrai que le corps élémentaire tire son art du corps spirituel, mais il n'en reçoit en vérité qu'une faible part. Le maître ne se tient-il pas au-dessus du disciple ? L'homme peut être transformé par le maître spirituel[24] et passer d'une forme à une autre, comme la main du peintre modifie une figure : le maître spirituel le peut tout aussi facilement, et même plus facilement encore ! Puisque cette opération ne résulte pas directement de l'Astre même, mais qu'elle est l'œuvre de la science humaine[25], elle requiert un excellent disciple qui a appris de l'Astre le fondement de l'art, et qui est fort habile – c'est le mage.

Ensuite, ne manquez pas de prêter attention à l'art du corps spirituel, à ses qualités, à ses facultés. De la même manière qu'un homme peut modifier sa couleur, changer son visage et se farder, le corps spirituel le peut également, et bien davantage. Si les hommes trouvent du plaisir à ces transformations, cela vaut aussi pour le corps spirituel. Chacun utilise l'art à sa façon ; toutefois si chacun s'en sert à sa manière, les modifications opérées par le corps élémentaire ne représentent qu'une œuvre banale, alors que l'œuvre opérée par le corps spirituel constitue une modification de forme qui excède notre capacité d'intelligibilité. Si le corps élémentaire comme tel sait opérer des changements de forme au niveau élémentaire, le corps spirituel le peut aussi, en ses œuvres à lui, mais cela n'est pas perceptible par nos sens[26].

Mais je ne veux pas différer plus longtemps mon interprétation, et vous donne en exemple le potier. Il prend de l'argile et en fait un pot ; il le démolit de nouveau et en fait un ustensile différent. Saisissez-en l'enseignement. Nous sommes faits d'argile et nous n'en apprécions même pas le privilège, car en fait nous ne sommes que poussière, et retournerons en poussière. Si nous sommes faits d'argile, nous devons reconnaître qu'il existe un potier au-dessus de nous qui peut nous installer sur le plateau et tourner une nouvelle forme. Mais il faut savoir que, bien qu'il existe un potier au-dessus de nous, ce n'est pas lui qui est aux commandes du tour, mais un autre, un mage, qui en est le lieutenant ; c'est lui qui fait mouvoir le tour, et qui est capable de faire que l'homme revête une nouvelle forme et que, derechef, il retourne à son ancienne forme. Cela peut se faire parce que nous sommes faits d'argile et de boue et de rien d'autre. Si nous pouvons ainsi passer par différentes formes, que cela nous serve de leçon et de justification. Quand Dieu le veut nous serons à nouveau réduits en argile et en boue. Cet exemple nous suffit ; il n'en faut pas plus pour faire comprendre ces opérations[27].

En poursuivant la justification des autres modalités de la magie, nous en venons à l'art relatif aux inscriptions et aux talismans[28] ; personne ne doit en être surpris. En voici la raison : si la nature a doté spontanément des plantes et des pierres de vertus magiques, combien est-elle à même de le faire si elle en est sollicitée ! En effet, on ne trouve pas en tous lieux des pierres, des simples et choses semblables. Car, où trouve-t-on suffisamment de pierres magnétiques ? Où suffisamment de saphirs ? Trouve-t-on tout cela dans les prés et les herbages ? C'est parce que cela fait défaut qu'il est nécessaire de recourir à la magie. En conséquence la nature confiera ses forces à des paroles – de la même façon qu'elle les accorde aux simples et aux racines – à des images ou à des talismans ; cela est manifesté par les arts en question. Ces arts suppléent un manque – tout comme le fait la nature avec ses remèdes pour le bien de l'homme[29].

L'art de la Cabale, la Cabalistique, fait également usage de telles forces magiques[30] ; voici comment : si quelqu'un parle dans un tuyau qui est long d'un mille, et qu'à l'autre bout se tient quelqu'un qui écoute, ce dernier perçoit et entend les paroles de celui qui parle, et personne d'autres ne les entend. Si le corps élémentaire est capable de cela, combien davantage le corps spirituel ne dépasse-t-il pas, dans l'art cabalistique, les possibilités du corps élémentaire : en vertu de sa nature spirituelle il est en mesure de confectionner un tuyau long non pas d'un mille mais de cent milles, dont on ne pourrait même pas apercevoir l'extrémité ! L'homme avance selon son pas naturel ; le cheval, selon le sien, va déjà plus vite ; le chien encore plus ; et l'oiseau, sans pieds, va encore plus vite ; la nature spirituelle toutefois les dépasse tous. Grâce à l'art de la magie, l'homme peut confier un pouvoir à un talisman, et les forces astrales accomplir leur œuvre à travers un cheval, un chien ou un oiseau. Pourquoi dès lors ne pas admettre que la puissance spirituelle puisse dépasser en son œuvre les forces élémentaires, puisqu'elle est fondée sur la force spirituelle et non sur l'élémentaire ? Si le corps élémentaire est capable de rédiger une lettre, de l'envoyer au loin par un messager et que pour ce faire il a besoin d'un mois, pourquoi le corps spirituel, qui de toutes façons est capable d'accomplir tout ce que le corps élémentaire sait faire, ne saurait-il pas le réaliser en une heure, c'est-à-dire coucher des pensées sur un papier et le communiquer au loin[31] ?

Mais pour que vous me compreniez encore mieux, sachez que ce que la nature est en mesure d'accomplir à travers un corps donné, l'homme le peut aussi ; il est capable d'atteindre effectivement ce qu'il a conçu en son esprit : qu'une image[32], qui n'a ni chair ni sang, devienne l'égale d'une comète, que des mots et des inscriptions puissent avoir des pouvoirs à l'instar d'un simple, que des plantes et des talismans puissent être potentialisés au point de devenir, en leurs vertus, semblables aux planètes et aux forces qui les habitent, voire à l'ensemble du Firmament[33]. Et il n'y a pas lieu de s'étonner qu'un homme puisse y parvenir. L'Ecriture ne dit-elle pas : « vous êtes des dieux » ; nous sommes donc supérieurs à l'Astre ; nous sommes les fils du Très-Haut et nous sommes, par rapport à l'Astre, d'autant plus puissants. Ainsi se vérifie l'idée que l'Astre se trouve assujetti à l'art de l'homme et que l'homme est capable de faire passer la force de l'Astre dans un autre corps, qui dès lors deviendra semblable à l'Astre[34]. Car les ressources susceptibles de satisfaire nos besoins ne viennent pas uniquement de la Terre, mais aussi du Ciel ; la vertu des simples ne provient pas seulement de la Terre, mais aussi de l'Astre ; c'est le corps qui vient de la Terre[35].

Considérez aussi l'exemple suivant : si un fils hérite la fortune de son père, il en est l'administrateur et le dispensateur ; il a tout pouvoir sur les biens et peut en user tout comme son père en usait. Si donc nous descendons de l'Astre et si nous en sommes les enfants, alors notre héritage et notre dot consistera aussi à nous approprier la force de l'Astre – comme l'enfant qui reçoit le pain de la main de son père. Certes, qu'un homme puisse régir, dominer et forcer l'Astre, cela peut paraître incongru à certains. Il existe pourtant la sentence concernant l'homme sage qui dit : « L'homme sage est maître de l'Astre ». Comment cela ? Il le domine, à condition qu'il maîtrise l'art et qu'il ait l'amour de l'Astre ; alors il sera sage et le Ciel se trouvera en son pouvoir et en sa main[36]. C'est de cette façon, grâce à l'art de la magie, que les Mages se sont rendus auprès du Christ[37] ; et que le Ciel peut faire qu'un cheval aille plus vite qu'une flèche tirée par une arbalète, et sans même se fatiguer. Il y eut de cette façon des hommes qui, conduits par le Firmament, ont vécu sans se nourrir un long temps ; il est notoire, en effet, qu'il y en eut qui, pendant longtemps, n'ont rien mangé. Cela est tout à fait possible selon l'ordre de la nature ; il ne s'agit pas là d'un phénomène surnaturel. C'est, en effet, de façon merveilleuse que Dieu a créé le Firmament ; de l'œuvre de sa main procèdent les *magnalia* que personne ne parviendra jamais à connaître à fond[38]. Combien d'hommes ont existé qui ont parlé de Dieu et en son nom ? Combien ont réveillé des morts dans leurs tombes, et les ont ramenés à la jouissance de la vie ? Combien ont fait recouvrer la vue à des aveugles et guéri des lépreux ? Le Christ n'a-t-il pas dit que par la foi nous réaliserions encore plus que ce qu'il a fait lui-même ? Si donc nous savons accomplir par l'intermédiaire de la nature ce qui est le plus élevé, combien davantage ne sommes-nous pas à même d'accomplir ce qui l'est moins ? Tout cela se fait par Dieu parce qu'il a doté la nature de tels pouvoirs. Or, la nature distribue ses dons et les accorde à ceux qui cherchent ; elle transmet, grâce à sa capacité communicative, la force qu'elle détient aux choses en son pouvoir ; pourquoi dès lors ne serait-il pas possible à un mage de faire passer la puissance céleste dans une créature terrestre pour qu'elle soit en mesure d'agir comme agirait l'Astre lui-même ? Celui qui agit à partir de Dieu accomplit des merveilles par Dieu ; celui qui agit à partir de la nature, accomplit des merveilles par la nature. De même que c'est Dieu qui ressuscite les morts, de même la nature accorde sa force et ses pouvoirs à ses saints naturels que sont les mages. Car il existe des saints en Dieu à qui est promise la béatitude, ils sont appelés *sancti* ; il existe également des saints en Dieu à qui sont accordées les forces de la nature, ils sont appelés *magi*. Dieu, dans les deux cas, se révèle merveilleux en ses saints ; en ceux qui relèvent du règne de Dieu, comme en ceux qui relèvent du règne de la nature. Ils sont à même d'accomplir ce qui n'est pas donné de faire à d'autres, mais seulement à ceux qui sont spécialement appelés. La distinction entre *sanctus* et *magus* est donc que le saint accomplit son œuvre par Dieu, le mage par la nature[39].

J'ai longtemps regretté de n'avoir rien écrit sur l'Astronomie et de ne pas m'en être entretenu avec des compagnons ou avec d'autres personnes, surtout lorsque, considérant la force et la puissance du Ciel, je devais constater, en regard, l'ignorance et la grossièreté des hommes, purement néfastes en leurs effets, sans parler de leur esprit sophistiqué et de leur désir immodéré des plaisirs mortels[40]. La conséquence en est que si un homme n'est pas instruit de l'Astronomie et de ses figures, comment pourrait-il avoir l'intelligence des deux lumières ? Qui voudrait entrer en dialogue avec des personnes dont chacune, selon l'influence de son étoile[41], se laisse simplement guider par la fantaisie, voire la méchanceté, tenant des propos partisans, contraires à la vraie sagesse ? De même que certains esprits chagrins ont refusé la doctrine du Christ, certains méconnaissent l'enseignement de la nature et, par de faux raisonnements, obscurcissent les deux lumières, de sorte que personne n'est plus à même de porter un jugement selon la vérité.

Beaucoup de personnes estiment, en effet, que l'art de la magie relève d'un rêve insensé ou de quelqu'exaltation ; cela ne fait que souligner leur propre erreur et leur mensonge. Qui voudrait les approuver ? Car la magie est chose merveilleuse, et elle est grande en ses œuvres[42]. Au demeurant, ne savons-nous pas que le Christ a prononcé une parole pérenne : « Si vous avez la foi, vous ferez de plus grandes choses encore ! ». Le Christ a accompli tant de choses, mais il a encouragé ses disciples à faire encore davantage. Si la nature agit conformément à son art à elle, pourquoi ne serions-nous pas en mesure de faire encore plus qu'elle ? Les esprits sophistes se comportent comme leurs parents et ancêtres qui disaient du Christ qu'il était possédé du diable. C'est ainsi que la sagesse de Dieu et celle de la nature ont été méprisées par leurs enfants. Or, la nature a été créée pour nous[43] ; c'est pourquoi nous sommes puissants en elle et par elle. L'homme sage domine la nature ; ce n'est pas elle qui domine l'homme sage.

Si d'après l'Ecriture l'homme est en mesure d'accomplir par la foi plus de choses que le Christ n'en a accomplies pour le bienfait de son prochain[44], pourquoi ne serions-nous pas capable d'accomplir plus de choses que l'Astre, puisque le commandement s'adresse à nous et non point à l'Astre, et que toutes choses nous sont soumises ? Si les disciples du Christ sont censés dépasser le Christ, alors les disciples de la nature doivent également pouvoir dépasser la nature, qui est assoupie en elle-même[45] et se repose, et qui attend à être réveillée de cette façon. Mais il est bien vrai que les chrétiens ne font pas plus que le Christ, ils en font surtout moins ; c'est une honte pour eux et un péché que de ne pas montrer plus de zèle dans les choses de la foi. Il en va de même pour ce qui est de la nature : l'art s'est perdu avec l'œuvre des sophistes ; et c'est ainsi qu'on dissipe aujourd'hui son temps en ce qui concerne les choses de la nature. Or, c'est la sagesse qui devrait régner en nous, afin que nous soyons à même de commander à toutes choses ; non seulement aux forces sidérales, mais aussi à tous les animaux vivants qui sont plus forts que nous et qui doivent nous être soumis, que ce soit dans les profondeurs de la mer ou dans les régions supérieures du firmament. De même qu'un chien, qu'un cheval hongrois ou que tout autre créature doit nous obéir, de même l'Astre ne doit pas être moins soumis à l'homme. Dieu n'a-t-il pas créé l'homme à son image[46] et ne lui a-t-il pas confié les quatre parties du monde jusqu'aux limites des terres et des mers ?

Je poursuis ma réponse concernant la possibilité de la magie en m'appuyant sur la lumière de la nature ; à ce propos, sachez en premier lieu que la nature elle-même est magicienne. Cela veut dire que le Ciel a le pouvoir et est en mesure de transformer un homme en loup, est capable de transporter un homme là où il veut aller, est à même de rendre la santé à tous les malades ; est capable de nous protéger contre les coups, les balles, les piques ; est capable de faire bien plus encore. Comme le Ciel possède de tels pouvoirs, il s'ensuit que si un phénomène nouveau, se situant hors du cours normal des choses, doit se produire, il s'emploie à l'annoncer par des signes avant-coureurs, des *praesagia* – soit qu'il se serve pour cela de l'homme comme d'un intermédiaire appelé à délivrer un savoir inédit concernant la nature, soit qu'il l'annonce directement par l'Astre lui-même sans le recours à l'homme. Si donc il veut annoncer quelque chose, il crée des présages, tels que comètes et autres figures apparaissant dans le ciel. Il est inutile de s'étendre plus longuement là-dessus[47].

Mais que l'homme est ou puisse être un mage, cela vient de ce qu'il est destiné à l'être, comme le marteau est fait pour forger[48]. Pour le comprendre mieux, considérez l'exemple suivant : le médecin sait et connaît toutes les vertus que recèlent les simples ; le mage, lui, connaît de la même manière la force qui est dans l'Astre ; et il n'y a rien de si caché dans le Ciel que l'Astronomie, compte tenu de ses différents domaines, ne soit à même de connaître[49]. Le médecin tire la force des simples et l'appelle remède ; le remède est, certes, d'un faible poids ; il contient pourtant en lui la force que recèlent moult prairies et herbages. Les prés et les champs ne constituent pas le remède, leur extrait seul est remède. Le mage a pareillement la faculté d'enfermer moult prairies du Ciel dans une petite pierre et de l'appeler talisman, ou figure, ou marque[50]. Ces objets sont comme des récipients dans lesquels le mage enferme et conserve les forces et les vertus sidérales ; on ne peut comprendre cela autrement que comme un contenant. Et tout comme le médecin peut administrer un remède à un malade et constater, par la suite, que la maladie s'est modifiée, de même le mage peut importer de tels pouvoirs bénéfiques dans un homme après les avoir extraits du Ciel. Cela veut dire que de la façon dont il sait se saisir de ces pouvoirs dans l'Astre, il saura aussi les utiliser – en bien ou en mal[51].

Les remèdes renaissent chaque année et nous reviennent avec de nouvelles forces ; mais l'ancienne nature[52] et les étoiles ont, à la place de l'été, leur exaltation ; elles ont leur propre rythme et se réservent aussi un temps qui est leur hiver ; c'est le moment où elles sont improductives ; il faut par conséquent les solliciter pendant leur été. De cette façon l'on ne trouvera jamais la nature sans ressources, mais au contraire chaque fois à nouveau opulente : lorsqu'on vide la cassette, elle se remplit à nouveau toute seule sans que l'homme y mette quoi que ce soit ! Elle ne ressemble donc pas au figuier que le Christ a maudit ; au contraire, celui qui cherche trouve. Là où se rend le Christ, il doit pouvoir trouver ce qu'il attend ; si ce n'est pas le cas, ce qu'il rencontrera sera maudit[53]. C'est pourquoi nous devons demeurer en éveil – comme la nature l'est pour notre plus grand bien : elle travaille sans relâche. Que cela nous serve d'exemple et qu'il n'en aille pas pour nous, après la nouvelle naissance, comme il en va pour l'Astre et les éléments : il n'y a pour nous ni été, ni hiver ; c'est tous les jours que nous devons être en éveil et attentifs.

 Personne ne doit s'étonner que de tels pouvoirs puissent être transférés dans un moyen terme[54]. Pour le mieux comprendre, considérez l'exemple suivant : le soleil a comme propriété d'être le degré le plus élevé de la lumière du jour ; mais là où est la lumière est aussi la chaleur ; la lumière est liée à la chaleur. Le soleil descend vers nous, car il est créé pour le bien de toute la terre ; et il en va de même en ce qui concerne toutes les autres étoiles du firmament ; c'est dans cette descente vers nous que nous mesurons leurs effets – sans compter qu'il existe encore beaucoup d'autres étoiles qui ne sont pas visibles de la sorte. Mais pourrait-on imaginer que la lumière du jour avec la chaleur qui l'accompagne, puisse être ainsi transférée sur un objet de la terre par la seule force d'un homme ? Absolument pas. Le soleil et toutes les autres étoiles nous parviennent et nous atteignent avec leurs pouvoirs propres selon un ordre fixé, autant que de besoin et comme il sied à notre constitution. Par contre, ce qu'il est possible au mage de faire c'est d'élever la lumière et la chaleur à un degré supérieur, dans la mesure toutefois où cela est compatible avec notre nature et n'altère pas notre corps. Le soleil nous sert ici d'exemple : il luit, il brûle, il allume – voilà ce qu'est l'influence et le pouvoir de la magie[55]. Pour comprendre l'autre aspect de ce pouvoir, à savoir la gradation et l'élévation à la puissance, il suffit de considérer l'effet que produit le soleil à travers une loupe : sa puissance dépasse alors celle de nos yeux et de notre sensibilité qui ne sont pas à même de supporter une telle intensité. Cet effet résulte de la concavité du cristal, ou, de façon analogue, de la propriété des miroirs grossissants, qui, suite à cet effet, sont appelés *incensoria* ; par leur rayon ils aveuglent les yeux, les brûlent, les détériorent. Voilà l'effet que peut produire le soleil sur la terre ; les forces des autres étoiles peuvent être majorées de même[56].

Si donc le mage est en mesure de transférer le pouvoir de l'Astre en un sujet donné, à l'instar du chasseur qui attire le cerf dans ses lacets ou du pêcheur qui prend le poisson dans ses filets ou encore du médecin qui confie un médicament à son écrin, ne serait-il pas capable, lui aussi, de confectionner des figures ou des images ? On peut concevoir cela de la façon suivante[57] : le médecin peut préparer un remède sous forme de pommade, de cataplasme, de potion, de fumigation ; le mage ne serait-il pas capable pareillement de confier le remède sidéral à une figure, à un objet sphérique, à une pierre ou à quelqu'autre élément, du moment que leur forme concorde avec la force[58] ? Pourquoi ne lui serait-il pas possible de confectionner des objets figurés susceptibles de porter secours dans la maladie et de procurer la santé ? Le Ciel lui-même dessine des figures : nous le voyons dans les comètes, les halos, les réfractions et autres formations atmosphériques.

Le Ciel a pouvoir sur l'homme ; s'il est à même de le maintenir en état, de modifier son corps naturel dans un sens ou dans un autre, de mettre fin à ses jours, de le paralyser ou de le guérir et de provoquer bien d'autres effets semblables, pourquoi le mage ne disposerait-il pas de pouvoirs similaires, à l'imitation du médecin qui dispose des vertus contenues dans le remède et des effets qui en découlent ? A preuve cet exemple : si la terre peut produire du poison, et d'autres ingrédients, bons ou mauvais, purs ou impurs, alors le Ciel le peut également[59]. Le médecin tire le remède de la terre, le mage le prend dans le Ciel. Pourquoi les choses ne se passeraient-elles pas de la même façon dans le Ciel et sur la terre – qu'il s'agisse de figures, de pierres, de végétaux ou de paroles – et que puissent être enfermées en ces objets des forces semblables aux bons et aux mauvais remèdes qui se trouvent contenus dans l'écrin du médecin ? Car la magie n'est pas à envisager autrement que comme un remède d'ordre supérieur[60] qui agit dans et par le Firmament, que ce soit de façon naturelle ou surnaturelle – comme cela a suffisamment été évoqué jusqu'ici.

Pour ce qui est de l'efficience, tout dépend de la manière dont l'Astre est disposé et de l'art avec lequel l'homme en recueille la force et l'utilise. Il n'y a pas que l'homme qui agisse de la sorte, la nature aussi exerce, de façon multiple, son art. Ne voyons-nous pas que le Ciel agit envers nous de bonne ou mauvaise façon ? Pourquoi le mage n'agirait-il pas par l'intermédiaire du Ciel comme celui-ci le fait lui-même envers nous ? Car cette force est dans le Firmament, et le Ciel est soumis à l'homme comme lui sont soumises les feuilles des arbres et l'herbe des champs. Car c'est ainsi que se confirme ce que dit le prophète : « Tu lui as donné pouvoir sur toutes choses, sur les oiseaux du ciel, sur les poissons dans l'eau… ». Si tout cela doit être soumis à l'homme, lui doivent alors être soumises également toutes choses qui peuvent avoir pour nous une utilité. Ce qui relève de la puissance de la nature doit être également à la disposition de l'homme ; et ce qui est possible à la nature, pourquoi ne le serait-il pas à l'homme, à qui la nature est confiée et qui en a la responsabilité[61] ? D'ailleurs ne nous en fournit-elle pas l'exemple ? Comme la nature se comporte envers nous, nous devons pareillement nous conduire envers l'homme ; cela veut dire : comme elle agit à notre égard, ainsi nous devons agir envers les autres. Car c'est ainsi que nous l'enseigne le Christ : nous devons agir comme il a agi, et cela est encore plus vrai lorsqu'il est question du monde naturel[62]. Nous n'apprenons pas cela dans les livres ; nous devons l'apprendre de la nature. Celui qui ne veut pas apprendre plus que ce que dit la lettre, celui-là demeurera une lettre, et déjà il sera mort en lui-même[63].

Ce que nous devons savoir, c'est que nous naissons de la nature, mais naissant ainsi ou bien nous dévorons les livres contenus dans notre sac d'école et nous nous en tenons à la lettre, ou bien nous apprenons dans la lumière de la nature en nous laissant instruire par l'expérience et la recherche. Si le Christ a demandé à ses disciples d'apprendre de lui, la nature nous le demande de même ; et si le Christ l'a dit avec force, la nature nous le dit avec autant d'insistance. C'est en elle que se trouve l'art de guérir, en elle se trouvent tous les métiers, en elle tous les arts et toutes les habiletés corporelles, et aussi toute sagesse et tout ce dont l'homme a besoin en sa première naissance. Apprendre cela de l'Astre et savoir le faire passer en l'homme, pour que ce qui vient de l'Astre vienne en nous et que nous devenions l'Astre lui-même – c'est cela le commerce entretenu avec les forces magiques. Car Dieu veut que notre passe-temps dans cette vallée de misère nous le consacrions à la contemplation des merveilles de la nature, afin que nous connaissions notre créateur dans ses œuvres. Si nous nous conduisons de la sorte, alors nous nous mouvons dans le Seigneur.

Il arrive souvent que la nature fasse surgir de-ci de-là un maître qui dépasse en savoir tout ce qu'ordinairement l'homme peut apprendre de l'homme, c'est-à-dire un savant particulier dont les connaissances dépassent celles des autres hommes. Cela prouve que le mage, agissant en la nature, est capable d'en faire autant ; et il arrive que, grâce à son art, il transforme quelqu'un en mage possédant science, art, et savoir-faire[64]. C'est ainsi également qu'il arrive que Dieu fasse surgir un maître es sciences éternelles, qui est plus grand que tous les autres : il convient alors de laisser les livres, de les considérer comme caducs, de les brûler et les déchirer. Mais le vrai maître est toujours vivant ; il parle avec des langues de feu et son enseignement est au-dessus de tous les livres ; il parle à travers des personnes simples, comme l'attestent l'Ancien et le Nouveau Testament – et personne ne sait comment cela leur arrive[65]. Car l'esprit souffle où il veut ; nul ne sait d'où il vient, ni où il va. C'est de cette façon qu'il arrive que telle personne devienne un maître en son métier ou en son art, surpassant tous les autres. Ces hommes naissent à l'instar d'une comète, et sont par conséquent différents des autres hommes. Le mage peut de la sorte et grâce à son savoir magique faire paraître, à la manière d'une comète, un tel homme plein d'art[66]. Ce sont là les merveilles et les mystères de Dieu. De cette manière le Ciel célèbre les louanges du Seigneur, de cette manière le Firmament manifeste son œuvre, et cela grâce aux mages. Par les Mages de Saba et de Tarsis, suivant l'étoile ascendante du Christ à Bethleem, il nous a été merveilleusement annoncé comment le Ciel et le Firmament ont été capables de nous révéler les secrets de Dieu[67].

Par là, la magie est suffisamment expliquée et exposée, et aussi suffisamment justifiée.

LABYRINTHVS

MEDICORVM ERRANTIVM,
D. THEOPHRASTI PA-
RACELSI

CVM ADIVNCTIS.

Ingenij quisquis Theophrasti fila sequutus,
Tutus ab insidijs est Labyrinthe tuis,

NORIBERGAE APVD VALENTI
num Neuberum, impensis Bernhardi
Vischer

ANNO
M. D. LIII.

grand que tous les autres : il convient alors de laisser les livres, de les considérer comme caducs, de les brûler et les déchirer. Mais le vrai maître est toujours vivant ; il parle avec des langues de feu et son enseignement est au-dessus de tous les livres ; il parle à travers des personnes simples, comme l'attestent l'Ancien et le Nouveau Testament – et personne ne sait comment cela leur arrive[65]. Car l'esprit souffle où il veut ; nul ne sait d'où il vient, ni où il va. C'est de cette façon qu'il arrive que telle personne devienne un maître en son métier ou en son art, surpassant tous les autres. Ces hommes naissent à l'instar d'une comète, et sont par conséquent différents des autres hommes. Le mage peut de la sorte et grâce à son savoir magique faire paraître, à la manière d'une comète, un tel homme plein d'art[66]. Ce sont là les merveilles et les mystères de Dieu. De cette manière le Ciel célèbre les louanges du Seigneur, de cette manière le Firmament manifeste son œuvre, et cela grâce aux mages. Par les Mages de Saba et de Tarsis, suivant l'étoile ascendante du Christ à Bethleem, il nous a été merveilleusement annoncé comment le Ciel et le Firmament ont été capables de nous révéler les secrets de Dieu[67].

Par là, la magie est suffisamment expliquée et exposée, et aussi suffisamment justifiée.

LABYRINTHVS
MEDICORVM ERRANTIVM,
D. THEOPHRASTI PA-
RACELSI

CVM ADIVNCTIS.

Ingenij quisquis Theophrasti fila sequutus,
Tutus ab insidijs est Labyrinthe tuis,

NORIBERGAE APVD VALENTI
num Neuberum, impensis Bernhardi
Vischer

ANNO

M. D. LIII.

II

Justification de la magie céleste

« Probatio in coelestem magicam und magum »
(*Astronomia Magna oder die ganze Philosophia sagax der grossen und kleinen Welt*, 1537/1538, II, Ch. VI. Ed. Sudhoff, XII, p. 369-373).

Concernant cette question, il convient en premier lieu de savoir comment opère la magie céleste. Sachez que son efficience découle de la puissance divine. Remarquez, ensuite, que lorsque Moïse s'est trouvé aux prises avec ses contradicteurs malveillants, ceux-ci se sont montrés capables de produire les mêmes prodiges que Moïse lui-même[68]. Il est donc utile de rappeler qu'il existe différentes espèces de mages : les mages de la nature (dont il a été question), les mages célestes (dont fut Moïse), les mages de la foi (ceux

De la magie

qui opèrent et guérissent par la foi), et, enfin, les mages infernaux (c'est-à-dire les *malefici*, que j'ai évoqués à propos de Moïse). Je ne veux justifier ici que la magie de Moïse, la magie de ceux qui sont des mages célestes.

 La magie céleste n'est pas un art[69] ; elle est l'effet de la puissance divine. Lorsque le mage céleste dit : je vais faire ceci – au moment où il le dit c'est déjà fait ! Cela est facile à entendre ; en effet, ce que Dieu veut, cela se fait instantanément. Mais cela dépend aussi de la foi du mage, et de l'absence de doute dans la foi[70] – à l'exemple d'Abraham : faire ce que Dieu nous demande de faire et y adhérer entièrement, que ce soit ainsi et non autrement. Ce qui s'accomplit ainsi, en conformité totale avec la volonté de Dieu, dans la foi, est opération magique. Lorsque les enfants d'Israël ont traversé la mer avec les pieds secs, cela s'est fait dans et par la foi qu'ils ont placée dans la parole de Dieu. Pharaon n'a pas bénéficié de cette puissance magique, c'est pourquoi il s'est noyé avec tous les siens[71]. Que la toison de Gédéon ait pu se trouver mouillée à même le sol, alors que celui-ci demeurait sec, est également un acte magique ; Gédéon[72] eut foi en Dieu et crut que ce que Dieu ordonnait se ferait immanquablement. Que Jonas[73] ait pu se retrouver sain et sauf dans le ventre de la baleine, est également un effet de la magie céleste.

 La magie céleste se justifie donc ainsi : en elle s'accomplit la volonté de Dieu par le moyen de la foi. Qu'est-ce qui pourrait contrarier la foi si la volonté de Dieu y est présente et que par cette volonté la foi se trouve affermie et renforcée dans sa force et son office ? Elisée[74] fut un tel mage lorsqu'il fit surgir des ours qui dévorèrent les enfants qui se sont moqués de lui ; c'est grâce à la foi qu'il avait en Dieu que, contrairement à toute prévision naturelle, surgirent des ours qui déchirèrent les enfants. Beaucoup d'événements spectaculaires de l'Ancien Testament sont ainsi à mettre au compte de la magie céleste ; beaucoup de guerres et presque tous les miracles se sont produits de cette façon-là – comme l'attestent les faits relatés dans l'Ancien Testament. Mais il y eut aussi des miracles dans le Nouveau Testament, même encore du temps des chrétiens. Nous avons l'exemple des mages venus de l'Orient, de Saba et de Tarsis. L'Ecriture rapporte qu'ils sont venus de trois pays différents, et non pas d'une contrée unique, mais de trois îles ; l'on peut présumer qu'une foule curieuse les a suivis dans cette marche magique. Ce n'est donc pas uniquement par ces hommes, mais par toute cette foule, que fut posée à Hérode la question de savoir où se trouvait celui qui est né pour devenir le roi des Juifs. Car les mages n'ont pas suivi l'Etoile grâce à leur intelligence naturelle, mais suite à l'injonction divine en laquelle ils ont eu foi et grâce à laquelle ils se sont mis à la recherche de l'enfant ; qu'ils ont chevauché, cheminé, voyagé de façon magique – sans qu'on puisse apprendre davantage, de façon plus précise, à ce sujet ; la magie seule a été leur guide et leur compagnon, avec l'aide de Dieu[75].

Ce fut également un acte magique lorsque le Christ a maudit le figuier : il y eut le commandement du Christ, la nature a eu foi en ce commandement, et le figuier s'est desséché. En effet, si Dieu s'adresse à la nature et dit : montagne, jette-toi dans la mer ! alors la montagne a foi en cette parole, elle sait qu'elle doit quitter ses fondations ; et c'est ainsi qu'elle se trouve déplacée de son site et précipitée dans la mer. La nature a foi en son créateur. C'est une foi naturelle au service du créateur ; et l'homme terrestre, qui ne participe pas à la nouvelle naissance, croit pareillement en Dieu et à sa toute-puissance ; il sait que si Dieu dit : meurs, il meurt ; il sait aussi que si Dieu lui commande de faire ceci ou cela, il est obligé de le faire. Cette foi est identique à celle du figuier ; c'est une foi sans amour, sans espérance, sans œuvres – une foi que partagent les pierres. Lorsque Dieu a dit : *cescite et multiplicamini*, la chair a eu foi en sa parole, et la chair accomplit le commandement sans se mettre en quête d'une foi plus parfaite ; elle demeure dans la foi de la nature, non dans la foi de la béatitude. Lorsque Dieu a arrêté le soleil à Gébéon, du temps de Josué, ce fut un événement magique, car Dieu fit une injonction au soleil et le soleil eut foi en sa parole et il s'est arrêté[76]. C'est la foi de la lumière naturelle, qui est aussi celle de l'homme terrestre.

Ce n'est pas cette magie qu'il convient de rechercher, mais celle de la nouvelle magie céleste : l'ancienne magie est parvenue à son terme, elle a pris fin avec le Christ et Jean-Baptiste. A présent il faut se tourner vers cette nouvelle magie qui va durer de l'avènement du Christ jusqu'au jour du Jugement. La magie céleste est, depuis le Nouveau Testament, *magia beata*[77] et ce qui se fait par cette *magia nova* procure la béatitude.

Lorsque le Christ guérissait, il disait : ta foi t'a sauvé, va et... Il faut remarquer que ces guérisons ne concernent pas uniquement le corps, et l'état du corps ; elles concernent aussi l'âme. La magie céleste a été donnée aux apôtres ; et, après l'ascension du Christ, à beaucoup d'autres hommes, saints et pieux, par le truchement desquels Dieu a laissé se manifester de façon merveilleuse la magie céleste. Ainsi Samuel[78] qui a marché sur l'eau sans se mouiller les pieds – ce qui ne fut pas le cas de ses compagnons qui continuèrent la traversée en sa barque ; ou d'autres qui, par des incantations, ont imprimé des stigmates à leurs ennemis, marques qui se sont maintenues aussi longtemps que dura leur génération. Des générations entières ont de la sorte subi un mauvais sort par effet magique, sort qui leur est resté attaché tant que le sang coula en leurs veines. Nombre de tels miracles ont eu lieu par effet de la magie céleste, et ont encore lieu à présent dans la mesure où, comme au premier jour, Dieu dispose d'hommes saints et bienheureux. Car Dieu est sans fin en ses œuvres, et sans fin en ses saints ; il agit sans discontinu et agit à travers des hommes et des femmes, à travers des vieux et des jeunes, selon diverses voies et de différentes manières.

Il faut savoir que la magie céleste se réalise aussi à travers les défunts ; des monuments et des tombeaux peuvent ainsi produire des effets magiques – par suite de la nature immortelle des saints. Ce n'est évidemment pas leur reste terrestre qui a cette efficience, car il appartient à la terre. Mais comme la résurrection se fera le même jour pour tous les hommes, les saints ne sont pas séparés de nous, et peuvent donc agir comme ils le faisaient de leur vivant – c'est-à-dire ils peuvent intervenir dans le monde de l'éphémère. Certes, il y a une différence dans l'intervention des saints, entre ceux qui jouissent encore de leur vie terrestre et ceux qui ont quitté leur enveloppe mortelle ; de leur vivant ils n'ont pas une aussi claire intelligence des personnes qu'ils veulent secourir qu'après leur mort ; il est vrai que, dans leur candeur, il leur arrive de leur prodiguer plus de bontés de leur vivant ; toutefois, séparés de leur corps visible, ils sont mieux à même de jauger le cœur des hommes et d'apprécier mieux s'il y a lieu d'intervenir ou pas. Si c'est opportun d'intervenir cela se fait, sinon cela n'a pas lieu. Le saint n'a pas, en effet, cette connaissance au moment de sa vie terrestre ; c'est pourquoi il y fait beaucoup de choses qu'il ne ferait pas s'il disposait d'une meilleure connaissance[79].

Notons aussi que par effet de la magie céleste des saints sont demeurés invulnérables pendant leur vie terrestre, dans le feu, dans l'huile bouillante, ou en d'autres tortures ; cela témoigne du fait que l'homme qui plaît à Dieu jouit d'une

De la magie

vie plus longue que dans le cas contraire ; Dieu le maintient en vie plus longtemps et l'empêche de mourir au moment où il est menacé par l'ennemi terrestre. Il meurt uniquement lorsque Dieu le veut, non pas de la façon voulue par l'homme, mais de la manière que Dieu veut. Mais lorsque quelqu'un se trouve subitement dans la main d'un adversaire et soumis à son bon vouloir, cela n'est pas précisément un bon signe, ni ne témoigne d'une bonne intelligence de la part de la victime. Car Dieu prend soin de ses saints et leur évite bien des contrariétés. C'est pourquoi il convient de tenir compte de la présence ou de l'absence de tels signes[80].

Nous devons par conséquent nous appliquer à tenir la magie céleste en honneur ; car s'il nous arrivait de la mépriser, nous nous priverions d'une grande grâce de Dieu ; nous serions alors aussi aveugles que le furent les Juifs qui, nonobstant la connaissance qu'ils avaient des paroles et des œuvres du Christ, se sont néanmoins moqués de lui ; c'est pourquoi une malédiction éternelle pèse sur eux[81]. Et il en va de même pour tous les autres aveugles à qui Dieu n'a pas donné l'intelligence de reconnaître ses saints, et qui n'ont pas reçu de Dieu, comme ses saints, le don de le connaître et qui ne comprennent, ni ne contemplent ses œuvres. C'est pourquoi nous devons reconnaître pleinement la magie céleste et toujours la garder présente en notre esprit ; alors nous serons attentifs quotidiennement aux interventions de Dieu, tels que les tremblements de terre, les déluges, et autres phénomènes – qui sont des signes magiques[82]. Car de la magie céleste naissent de plus grandes œuvres que celles que la nature est à même d'accomplir. Chaque fois qu'un tel signe se produit, il s'ensuit un malheur qu'aucun astronome n'explique, ni ne peut expliquer, à partir de la lumière de la nature ; il ne le peut que s'il est éclairé par la puissance céleste.

III.

L'art médical doit être trouvé non par spéculation, mais par révélation certaine.
(Labyrinthus medicorum errantium,
1537, ch. IX, Ed. Sudhoff XI, p. 204-208.

La médecine doit avoir un fondement assuré qui ne soit pas simplement le fruit d'élucubrations fantaisistes, mais qui s'appuie sur une doctrine véritable. Sachez d'abord que la nature des maladies ainsi que celle des remèdes nous demeure cachée ; et qu'elle ne peut être ni découverte, ni connue par le corps élémentaire, mais uniquement par le corps sidéral, car celui-ci voit dans la nature aussi aisément que le soleil passe à travers une vitre. Apprenez ensuite de quelle façon les choses cachées, que le corps élémentaire ne peut apercevoir, peuvent être découvertes. Il faut savoir que toutes les choses sont révélées par la magie et ses différentes espèces, comme l'art de la Cabale, etc. C'est elle qui révèle tous les secrets qui sont célés dans la nature. Il est par conséquent utile et juste que le médecin soit instruit dans l'art de la magie, sinon il sera plus porté vers l'erreur que vers la vérité. Cela se vérifie sur lui-même.

C'est la magie, en effet, qui nous apprend l'« anatomie » de la médecine. Un boucher qui découpe un bœuf, voit tout ce qui se trouve à l'intérieur et comment les différents organes s'y disposent (ce qu'on ne peut voir à travers la peau) ; de même façon la magie démembre toutes les parties de la médecine où se trouvent les remèdes ; et fait voir ce que chacune contient. Un homme porte en lui des organes, un tel disposé ici, un autre là, comme nous l'enseigne l'anatomie physique ; il existe de même des « organes » dans les simples : ici le cœur, là le foie, là la rate, etc., à l'image de la disposition des organes chez l'homme. Cela ne veut pas dire que tous les cœurs soient des cœurs perceptibles par nos yeux de chair ; mais qu'il existe une force et des propriétés qui ressemblent à celles du cœur.[83]

A titre d'exemple : le vent a moult qualités, il sèche et personne ne perçoit ce qui sèche ; le soleil chauffe, et personne ne voit ce qui chauffe ; le feu jaillit du silex, et personne n'aperçoit le feu dans le silex. Il y a ainsi plusieurs « organes » dans un corps, et ce n'est pourtant qu'un seul corps. Un seul et même simple contient pourtant moult propriétés diverses. Et nous retrouvons dans le Firmament les mêmes organes qu'en l'homme : un cœur, des reins, un estomac, des poumons, etc. ; non pas en tant qu'organes visibles et préhensibles, mais comme forces et propriétés dépourvues de corps, alors que chez l'homme rien ne peut exister sans corps. C'est ainsi que l'on retrouve le cours entier de la lune chez la lunaire, non pas de façon visible, mais selon l'esprit. C'est dans l'esprit que réside le remède, et non pas dans le corps. Corps et esprit sont de nature différente : le corps n'est pas l'esprit, c'est-à-dire ne constitue pas le secours du médecin. Dans l'ambre aussi on retrouve la disposition du microcosme, non pas dans l'ambre corps visible, mais dans l'ambre comme remède, c'est-à-dire comme puissance spirituelle.[84]

Le secours des malades réside par conséquent dans la puissance spirituelle que le corps élémentaire est inapte à percevoir et qui n'est manifeste que pour le corps sidéral. Il s'ensuit que c'est à la magie de nous enseigner, et non à Avicenne ou à Galien. La magie seule est le précepteur, l'instituteur et le pédagogue pour enseigner et nous faire découvrir le vrai secours du malade – lequel est perceptible en esprit. Le corps élémentaire perçoit les lettres écrites, comme nos yeux perçoivent les formes, les couleurs et les figures ; de façon analogue devient perceptible en elles [par magie] l'essence qui les habite, et y devient tout aussi visible que le sont les formes des choses pour nos yeux.

J'ai beaucoup réfléchi à la magie et je m'en suis exprimé ; plus fréquemment encore j'ai parlé de la découverte des secrets de la nature – dans ce livre et dans d'autres. Sachez donc brièvement que le livre de la magie inventrice *(inventrix)* doit être étudié à fond par tout médecin. Même si tous les livres des hommes devaient disparaître, et avec eux la connaissance de tous les remèdes, rien ne serait pourtant perdu ; car le livre de la magie inventrice retrouverait tout à nouveau, et même davantage.[85] Voilà l'anatomie de l'art de la médecine. Il ne s'agit donc pas de voir les dispositions et constellations internes au bois, au simple, à la rave, mais de percevoir les forces et les propriétés, comme si on faisait la dissection d'un corps humain dans lequel on observerait tous les organes et où, par l'analyse, on en

De la magie

découvrirait encore davantage. Cette anatomie de la découverte des arts nous est révélée en premier lieu par les choses signées *(signatum)*. Pour ce qui est des signatures et du pouvoir qui a imprimé ces signes, c'est l'art de la Cabale qui nous le manifeste – une espèce de l'art de la magie qui est, elle-même, un membre de l'Astronomie. Mais il ne faut pas entendre l'art de l'invention d'une seule manière, mais de concert avec tous les membres de l'Astronomie, et de toutes les espèces de dons. Or, il existe beaucoup de ces membres, et il existe encore davantage d'espèces ; tous sont des formes de la magie inventrice et des manifestations de l'anatomie des arts, des savoir-faire et des remèdes. Il s'ensuit que ces membres et ces espèces doivent devenir manifestes dans l'exposition de l'Astronomie et de l'art de la découverte[86]. Le feu du soleil devient manifeste à travers le cristal ; le feu du silex devient manifeste par l'acier ; et c'est ainsi que le soleil magique doit devenir visible à travers le cristal magique, et le feu magique grâce à l'acier magique. Lorsque l'anatomie triomphe, elle manifeste ce qui est présent dans un corps, aussi clairement qu'est perceptible le feu du soleil dans le bois, ou le feu du silex dans le bois ; le bois magique s'allume également, et les arcanes des simples brûleront comme du bois, et révèleront à quoi leurs pouvoirs sont bons.

Que d'efforts et de peine le diable *(mille artifex)* n'a-t-il pas déployés pour faire oublier à l'homme cette anatomie et par conséquent ce noble art. Il l'a attiré vers d'inutiles pensées et de vaines fantaisies en lesquelles il n'y a pas d'art ; de sorte que l'homme passe inutilement son temps sur terre. Celui qui ne connaît rien, n'aime rien ; celui qui ne sait rien faire, ne comprend rien ; celui qui n'est bon à rien, ne vaut rien. Mais celui qui comprend, celui-là aime, est attentif, observe.[87]

Le diable a fait naître en nous la concupiscence, car il sait bien que si un homme a accès à de tels secrets, il ne se laissera plus séduire par de bas plaisirs, mais demeurera attaché à ces trésors. Mais lorsqu'il est privé de cette connaissance, alors il s'attache à ce dont il a l'expérience : l'ivrognerie, la fornication, le jeu, la guerre, la paresse, etc.. Car il est bien vrai que celui qui ne connaît pas Dieu, ne l'aime pas et ignore ses bienfaits. Celui qui ne connaît pas la Trinité, n'y croit pas, et donc ne l'aime pas. Celui qui ne connaît pas les saints, ne les aime pas. Celui qui ne connaît pas la nature, ne l'aime pas. Celui donc qui ne connaît rien, celui-là ne voit rien en ces choses et les méprise. Son ventre est son Dieu. Mais plus on connaît une chose, plus on s'y attache. Celui qui ne connaît ni ne comprend le pauvre, ne l'aime pas. Tout repose sur la connaissance ; c'est d'elle que proviennent les fruits. La connaissance donne la foi ; celui qui reconnaît Dieu, croit en lui, et celui qui ne le connaît pas, ne croit pas en lui. Chacun croit en raison de ce qu'il connaît. Et cela vaut aussi pour l'art de guérir : chacun agit en proportion de ce qu'il connaît de la nature. Celui qui ne connaît rien, n'agit pas ; ce qu'il fait il le copie à la manière du peintre qui peint une image[88] ; il n'y a pas de vie en celle-ci, et par conséquent il n'y a pas de vie non plus dans un tel médecin.

C'est pourquoi pour apprendre comment rendre manifeste les arts en tout domaine – comme j'ai essayé de le faire à plusieurs reprises et sous diverses formes – il m'a semblé bon de faire encore mieux comprendre cette idée ici. L'art de l'invention est une espèce de la magie, à côté de toutes les autres espèces de l'Astronomie[89]. Grâce à cette magie inventrice les Mages venus d'Orient ont trouvé le Christ dans l'Etoile, et comme l'on trouve le feu dans le silex, ainsi l'on découvre les arts dans la nature – lesquels sont plus faciles à trouver que ne le fut la recherche du Christ. Et si les rois de Saba et de Tarsis sont venus de loin à la recherche du Christ, on trouve beaucoup plus proches les trésors cachés dans la nature. C'est de l'Orient que nous viennent tous les commencements de la magie : [90] mais rien de bon ne nous vient du Septentrion. Vous les médecins, si vous voulez vraiment être des médecins, alors soyez honnêtes et n'agissez pas comme les sangliers qui parcourent les champs à la recherche de betteraves ! [91] Comportez-vous envers les hommes, qui sont les créatures de Dieu, et agissez comme Dieu a agi envers vous en vous gratifiant des livres qu'il a institués pour vous.

IV.

De la Guérison des blessures par l'influence de la puissance céleste

(*Die grosse Wundarznei,* 1536, ch.8.
Ed. Sudhoff, X, p. 124-128)

Bien des arts ont été inventés par les premiers astronomes qui, par le moyen de la puissance sidérale, ont produit des effets étonnants. Mais cet art s'est perdu avec la disparition des premiers mages ; il est tombé dans l'ignorance, de sorte qu'il n'a plus connaissance de rien.[92]

L'art de l'impression céleste consistait à attirer la puissance céleste dans un corps élémentaire, dans lequel l'efficience céleste pouvait s'accomplir. Les propriétés et la force de la rose se trouvent célées dans la semence de la rose, sans que nous y voyons pour autant la rose elle-même et son rayonnement. Mais lorsque l'homme met la semence en terre, alors nous voyons surgir la rose avec toutes ses propriétés et son rayonnement. Les semences célestes sont pareilles : l'art de la magie les sème et les plante dans les pierres que l'on appelle *gamaheu*. On ne peut les concevoir autrement que sur le modèle d'une graine qui tombe de l'arbre dans la terre et qui, grâce au dynamisme de la nature, donne naissance à un arbre. Les anciens Egyptiens et les anciens Perses ont été les premiers à reconnaître la puissance du Firmament et son influence, et ils l'ont pensée comme une semence que l'on enfouit dans la terre ou dans une pierre.

Le Ciel peut nous envoyer la peste et nous faire mourir, ou provoquer bien d'autres maladies, comme il peut tout aussi bien vouloir notre bien. Si le Ciel peut ainsi nous atteindre, il peut aussi atteindre une pierre. Celui qui a la connaissance de cela et qui sait où se dirige la flèche, celui-là peut aussi l'éviter ; et nous sommes ainsi visés plus que nous ne le savons. Celui qui, en tant que mage, a l'intelligence de la puissance céleste, celui-là est capable d'enfermer l'influence sidérale dans un corps qui, de la sorte, va revêtir la même nature que celle de la flèche. Les Egyptiens qui ont porté ces pierres ont subi ces influences et ces maladies. Il a de même existé des pierres qui, à l'inverse, ont préservé de telles maladies ceux qui les ont portées.[93]

On a réalisé, de la même manière, des gamaheu représentant des arbalètes qui ont été bénéfiques dans l'art du tir ; on y a aussi gravé des épées en vue de porter des coups et de blesser, mais il est inutile de s'étendre là-dessus. La raison pour laquelle j'y reviens est que les mages ont préparé des pierres ou d'autres objets et que ceux qui les ont portés ont vu la fièvre ou d'autres maladies disparaître. Et cela ne vaut pas uniquement pour les maladies corporelles, mais aussi, et de façon étonnante, pour les blessures, les saignements, la goutte, etc. De leur temps ces arts étaient en grand honneur ; mais depuis que tout art a été frelaté par les pseudo-savants et les sophistes, la connaissance du vrai fondement s'est perdu et à sa place s'est installée une pratique inepte. Toutefois s'il existe encore de telles pierres, qui des Anciens sont venues jusqu'à nous, elles ne possèdent plus les mêmes pouvoirs qu'à l'origine ; car le Ciel, aujourd'hui, n'est plus dans la même disposition qu'alors – c'est pourquoi il convient d'en réaliser de nouvelles.

Beaucoup de livres, remplis de choses inutiles, ont été écrits concernant la médecine, l'astronomie et d'autres disciplines touchant la nature. Ces livres manquent à la fois de fondement et de sagesse. Il conviendrait pourtant d'accorder plus d'attention à l'art qu'à ces vains bavardages. Cet art s'appelle magie ; mais comme ceux qui s'occupent des choses de la nature ne l'ont pas comprise, ils ont parlé de sorcellerie.[94] Cet art installe de telles forces non seulement dans des pierres, mais aussi dans des paroles, et les rend de la sorte efficaces. Toutefois des hommes qui ne savent rien, mais qui ont quand même la prétention de se faire entendre, ont faussé les choses et les ont accompagnées de signes de croix, de bénédictions et d'autres insanités ; il s'en est suivi, comme ils n'ont rien compris à la magie, qu'ils ont ajouté foi aux signes de croix, aux conjurations, aux bénédictions, et qu'ils crurent que les effets en découlaient – ce qui n'est pas le cas.

Je vous fournis un exemple pour vous montrer que Dieu agit de façon naturelle selon plusieurs voies. Grâce aux plantes de la terre il est possible de préparer des remèdes pour toutes les maladies, internes et externes, administrables par la voie du corps élémentaire. De tels remèdes existent aussi bien dans le Ciel que sur la terre ; et ils prennent corps selon trois voies. Ils s'incarnent d'abord en des substances corporelles, comme la persicaire ; mais aussi dans la pierre, comme les gamaheu ; également dans des paroles, prononcées ou écrites (mais l'écrit ne supplante pas la parole, pas plus que la persicaire ne supplante l'influence sidérale). En troisième lieu, le sidus est efficace aussi par la foi qui s'ajoute aux autres influences ; ce n'est pas un effet de l'incantation, mais l'effet naturel du Ciel, selon une forme différente des effets produits par la terre. Tout cela je veux l'expliquer plus clairement dans le livre sur la magie.[95]

Personne ne doit toutefois s'étonner au sujet de ces arts. Tout cela a lieu non seulement grâce au savoir-faire du mage ; mais aussi et surtout selon la puissance de la nature ; il est manifeste en effet que le diamant ne tire pas sa force de la terre, ni le saphir ou les autres pierres. La corne de la licorne ne tient pas sa force d'elle-même, mais elle lui est instillée par le Ciel. Et il existe beaucoup d'objets semblables qui, lorsqu'ils sont portés, montrent de grands effets (cela ne leur vient pas de leur qualité d'objets terrestres, mais de la force d'en haut, de la force céleste).

Cette force n'est certes pas bénéfique à chaque homme, mais uniquement là où la concordance est recherchée et trouvée.[96] Car chaque maladie ne vient pas du ciel : il y en a qui ont leur origine dans la terre ; et là où il y a des maladies d'origine terrestre, il faut administrer des remèdes terrestres. Il en va de même pour les maladies d'origine céleste. Il s'ensuit qu'il existe beaucoup de méprises dans l'art de guérir, notamment pour ce qui est de la peste : le remède n'y agit pas dans tous les cas, parce que l'influence céleste y est si active que le remède n'est pas à sa mesure ; il agit alors comme il peut.

Il faut que tu t'appliques à bien connaître les remèdes contre les blessures, et, comme il convient, la force de ces précieuses pierres, et aussi l'influence céleste dans les simples, dans les racines, dans les graines et dans d'autres substances encore ; également dans les paroles, puisque de tels effets existent. Car par de telles voies on peut extraire des flèches, des balles et autres objets là où le remède terrestre est défaillant et sans secours. Et ne te laisse pas détourner par les ignorants qui prétendent qu'il s'agit de superstition, de sorcellerie, et de choses semblables et qui affichent à leur sujet un mépris hautain ; car les signes de croix, les conjurations, etc., n'appartiennent pas à la magie ; il convient par conséquent de les en tenir écartés. La force demeure en dehors d'eux.[97] Prends le raifort : il garde sa force en dehors de toute conjuration.

Je n'ai pas voulu tenir ces choses cachées, étant donné le besoin dans lequel se trouvent les personnes blessées, afin que tu t'appliques à étudier la nature de ces forces. Car tout don parfait vient de Dieu ; toutes choses ont été créées par lui, et rien n'existe sans lui : c'est pourquoi toutes les choses offertes à nos yeux sont merveilleuses. L'homme n'a pas participé à l'œuvre de la création ; c'est pourquoi aussi celle-ci dépasse notre intelligence.[98]

Der ander Theil
Der grossen Wundtartz-
ney deß weitberhümpten / bewerten / vnnd
erfahrnen / Theophrasti Paracelsi von Hohenheim /
der Leib vnd Wundartzney Doctorn / Von der offnen
Schäden vrsprung vnd heylung. Auß rechtem grundt vnd
bewerten stücken treüwlich an
Tag geben.

Mit Röm. Keis. Maiestet Freyheit nicht
nachzudrucken.

Notes et Commentaires

I

1. Il faudrait plutôt lire *astrale* ou *sidérale*, car il ne s'agit pas ici du plan surnaturel tel qu'il est exposé par Paracelse dans le Livre II de la *Grande Astronomie*. Ce laxisme dans le vocabulaire est fréquent sous la plume de Paracelse : il utilise indifféremment les termes *sidéral, astral, céleste* pour désigner la puissance invisible du *Gestirn*.

2. L'idée de *moyen terme* est usuelle chez Paracelse. Il s'agit toujours pour l'instance *invisible* qui traverse toutes choses de s'inscrire de façon *visible* dans le monde. Le mage est ce médiateur ; il possède la *scientia*, c'est-à-dire la capacité opératoire pour produire dans le monde visible des effets surprenants (magiques). Ce faisant il confère à la puissance de l'Astre une figure déterminée ; il l'actualise.

   A propos de cette définition de la magie, cf. celle du texte IV ci-après : « l'art de l'impression céleste consiste à attirer la puissance céleste dans un corps élémentaire dans lequel l'efficience céleste peut s'accomplir ».

   Quant à l'idée de *centre*, elle a été avancée par Pic de la Mirandole, dès 1486, dans son *Oratio de hominis dignitate*.

3. *transférer* : ce terme ne rend pas la valeur symbolique de la métaphore paracelsienne *herabbringen* ; littéralement : faire descendre, comme si la force invisible de l'Astre se tenait en haut ; elle n'a évidemment pas de lieu ; mais Paracelse utilise ici une métaphore populaire et séculaire qui culmine dans l'expression le « Très-Haut ». La

connotation majorante et laudative du haut, et péjorative du bas, est constante dans les écrits éthiques et théologiques de l'époque.

4. Le terme de constellation ne concerne pas, ici, les étoiles du ciel visible. Paracelse s'en explique en X, 643. Il s'agit de la puissance invisible de l'Astre pensée comme non homogène en elle-même, mais présentant des lignes de forces spécifiées. Le langage populaire parle de l'influence de Vénus, de Mars, de Saturne... en se référant aux planètes. Ces références signifient simplement que la puissance de l'Astre n'est pas indifférenciée.

   Il y a correspondance entre la force propre à telle ou telle constellation et cette même force « descendue » en l'homme, incarnée en lui. Le mage devient pour ainsi dire la constellation même lorsqu'il se laisse envahir par elle, et, comme le dit la phrase qui suit, acquiert par là même l'intelligence des secrets et des arcanes propres à cette constellation. L'on remarque combien le vocabulaire ordinaire est malhabile à exprimer la réalité invisible et immatérielle de l'Astre.

5. La comparaison entre deux ordres de réalité – d'une part les vertus spécifiées présentes dans le simple, et, d'autre part, la force sidérale spécifiée descendue en l'homme – n'est pas un simple procédé rhétorique : l'analogie a valeur ontologique. L'unité du plan créateur fait que les mystérieuses propriétés du simple représentent une réplique des vertus sidérales en l'homme. Cette correspondance des plans de l'être constitue, dans la *probatio*, un des leviers de la démonstration.

6. Le mot *justification* traduit le terme latin *probatio* (cf. *introd.* p. 57-59) Paracelse veut justifier ce qu'il avance, veut rendre son propos *(declaratio)* légitime.

7. L'astronome, tel qu'il est défini dans la *Grande Astronomie*, est l'homme expert et compétent dans toutes les « religions » du monde invisible ; il en connaît les figures, les membres et les espèces – c'est dire qu'il connaît toutes les manifestations de l'invisible puissance. L'épithète *magique* désigne l'astronome qui remplit les conditions du mage telles qu'elles sont définies par le texte. Toute connaissance authentique est magique (cf. *introd,* p. 63).

8. Texte maladroit. Paracelse distingue les mages qui ont été fait mages par un autre mage, et les mages qui le sont de naissance. En réalité,

c'est toujours de naissance que sont les mages – comme le montrera la suite du texte – car le mage né d'un autre mage ne peut le devenir que s'il apporte de naissance les dispositions requises.

9. Proposition fondamentale de l'enseignement de Paracelse : on n'apprend jamais de l'homme, c'est-à-dire en s'appropriant la science inventée par les hommes ; on n'apprend jamais que de l'Astre. Le maître *(Schulmeister)*, c'est l'Astre. De là découle l'impératif pédagogique : il faut toujours et constamment renvoyer celui qui veut apprendre vers l'unique source de toute sagesse et de tout art : la puissance invisible de l'Astre.

10. Autre proposition fondamentale. Elle revêt, sous la plume de Paracelse, une double formulation ; une affirmation *absolue* : rien n'est tant secret qu'un jour ce ne soit révélé ; une affirmation *relative* : Dieu veut que l'homme aille à la découverte des merveilles cachées au creux des choses, et qu'il les connaisse – un impératif lié au commandement. Pour Paracelse ce dévoilement des *magnalia Dei* est source d'émerveillement.

    Cf. à ce propos Matthieu 10, 26 : « rien, en effet, n'est voilé qui ne sera révélé, rien de caché qui ne sera connu ». La parole évangélique est toujours présente.

11. L'homme, par vocation, est *appelé* à connaître les merveilleuses dispositions que Dieu a installées dans l'intimité de la nature. Si son intention était droite, il s'adonnerait à la contemplation de celles-ci sans répit, ni repos ; il serait alors mage à son tour. C'est pour rappeler l'homme à sa finalité originaire que sont faits les préceptes ; et Paracelse énumère ici, comme fréquemment ailleurs, quelques inconduites et dérèglements. Si l'homme n'est pas constamment adonné à la découverte des merveilles de la nature, c'est qu'il en est *distrait* par les sollicitations de sa nature élémentaire – par son « corps élémentaire », comme le dit la suite du texte.

12. Paracelse aime à distinguer deux révélations : celle qui nous est donnée par l'Ecriture et celle qui passe par la découverte progressive des merveilles de la nature. L'une est donnée aux hommes par Dieu (et par ses prophètes), l'autre est à accomplir par l'homme. Il s'agit, dans ce cas, de révélation naturelle, c'est-à-dire d'une révélation qui ne fait pas

appel au surnaturel, qui est aussi bien celle du païen que du chrétien. Et déjà il est dit que c'est l'office du mage – qu'il soit mage-né ou mage adepte. Le terme *adepte* renvoie à l'homme initié à la connaissance et aux secrets de la puissance invisible qui habite la nature.

13. Remarque redondante à travers toute l'œuvre de Paracelse : ceux qui ne parlent pas à partir des fondements, ne disent que des futilités et des balivernes ; ils sont « distraits », donc séparés de la réalité profonde des choses – abstraits. Leurs propos sont comparés aux maquillages qui recouvrent les choses et qui, de ce fait, en cachent la véritable nature. La comparaison a, ici aussi, une portée ontologique.

14. Paracelse, à travers son œuvre, ne cesse de faire le départ entre ce qui relève de l'ordre *naturel*, l'ordre voulu et institué par le Père ; et l'ordre *surnaturel* apporté par le Fils. Il distingue par conséquent ce qui est possible par la nature, et ce qui est possible par la surnature, c'est-à-dire par Dieu. La suite du texte y fera allusion. Pourtant dans l'homme de la deuxième naissance, les deux ordres sont intimement unis.

15. Cette belle image est indicative de la pensée dynamiste qui anime l'œuvre de Paracelse : la vision s'opère dans le medium de l'œil ; ce n'est pas l'œil, organe physique, qui voit – de même la magie n'est pas à chercher dans le corps visible de l'homme, mais dans ce qui, en lui et par lui, est à même d'appréhender et de saisir les merveilles de la nature et attirer en lui la force invisible de l'Astre. Une analogie qui souligne le caractère dynamique de la connaissance et de l'action du mage. Ailleurs c'est la prééminence de la physiologie sur l'anatomie qui est affirmée, de l'esprit sur la lettre, etc.

16. Images familières chez Paracelse. L'école de pierre, c'est-à-dire l'école des hommes, représente le pendant de l'œil (organe visible) par rapport à la vision. Paracelse parle également de l'église de pierre, église visible, pour l'opposer à l'église selon l'esprit. Quant au docteur qui se tient bien au chaud derrière le poêle en train d'y faire rôtir et tourner des poires, c'est une autre image courante sous la plume de Paracelse ; elle désigne le savant paresseux qui se contente de répéter la lettre et qui tourne le dos à l'effort de recherche selon l'esprit.

17. La justification de la magie repose en fin de compte en Dieu – en Dieu le Père s'agissant du mage naturel, en Dieu le Fils s'agissant du mage surnaturel. C'est Dieu qui institue le mage (appelé l'interprète, l'expliciteur, l'*Ausleger* des secrets de la nature ; celui aussi qui les fait connaître : qui les ex-pose) directement pour ce qui est des réalités surnaturelles, indirectement, via le don mis en nous par l'Astre, pour ce qui est des choses de la nature.

18. La mission du mage est de manifester les merveilles celées dans la nature, mais aussi de découvrir et de développer les arts grâce auxquels ces merveilles sont révélées. C'est dire qu'il ne suffit pas d'ouvrir les yeux et de regarder : ce qui est à manifester se donne dans et par les opérations par lesquelles l'homme sage conduit, vers une forme plus parfaite, ce qui est offert de façon brute par la nature.

   L'exemple de la purification des métaux n'est peut-être pas l'exemple le mieux choisi pour illustrer l'idée ici soutenue par Paracelse ; mais ce qu'il veut souligner c'est la thèse que si tous les livres des hommes concernant l'art des métaux étaient détruits, l'Astre serait encore là pour permettre à l'homme attentif de découvrir à nouveau l'art métallurgique – une thèse que Paracelse répète également à propos d'autres arts, la médecine, la musique, etc.

19. Le terme de *fantasei* est familier à Paracelse ; il désigne l'imagination humaine en tant qu'elle produit des idées et des images sans lien réel avec la nature des choses. Cette puissance, divagante lorsqu'elle est inattentive à la nature des choses, est constamment dénoncée par Paracelse comme la source des obstacles qui empêchent l'homme d'être à sa vocation.

   La liberté de l'homme ne trouve pas son fondement dans la *fantasei* ; mais, paradoxalement, dans l'adhésion à la lumière que fait naître en nous la nature lorsque, disponibles, nous n'y faisons pas obstacle. La liberté consiste alors, à vouloir ce que veut l'évidente lumière en nous.

20. « Ce qui doit être » : un devoir-être traverse toute la nature dans la mesure où rien de ce qui est offert à l'homme n'est conduit à son terme : le blé n'est pas encore le pain et le minerai n'est pas encore le fer. La vocation foncière de l'homme est de par-faire, de mener les choses vers leur achèvement, vers leur perfection selon l'ordre voulu

De la magie

par Dieu, et grâce aux dons (toujours nouveaux) inspirés par l'Astre. C'est par la *magica inventio* que l'homme découvre les chemins qui mènent à cette perfection. L'*inventio* qui n'est pas guidée par la magie relève de la *fantasei*, et cette imagination divagante tourne en rond sans jamais trouver de terme.

21. Il s'agit évidemment ici de la magie qui relève de la connaissance surnaturelle. Certes, la magie naturelle serait à même de repérer, parmi les étoiles du ciel, une étoile particulière annonçant un événement dérogeant au cours normal des choses ; mais jamais la magie naturelle aurait pu mettre en relation un tel événement avec l'annonce de la naissance du roi des Juifs. Il s'agit, ici, d'un don relevant d'un ordre supérieur.

    Pour ce qui est de la référence à David, Paracelse se trompe : il s'agit du Psaume 72 (10-11) de Salomon et non de David « les rois de Tarsis et des îles rendront tribut ; les rois de Saba et de Seba feront offrande ».

    Ce qui trompe souvent dans les affirmations de Paracelse (s'agissant de ses apparentes incohérences) c'est que dans son esprit c'est toujours Dieu qui est à l'origine et de l'ordre naturel et de l'ordre surnaturel – même si l'idée de Dieu reste souvent peu définie.

22. Les *transformations* représentent la seconde des (six) espèces d'opérations magiques retenues par Paracelse sans sa *Philosophia sagax. (cf. Introduction*, p. 36 et suiv.*).* La première concerne l'interprétation de signes extraordinaires apparues dans le ciel ; la justification que Paracelse vient d'en donner est insuffisante, puisque l'exemple des rois de Saba et de Tarsis ne relève pas de la magie naturelle.

23. L'argumentation de Paracelse joue ici sur deux plans : le corps élémentaire et le corps sidéral (appelé corps spirituel). Dans le premier cas il s'agit du corps visible qui exécute de façon visible des transformations ; celles-ci n'ont rien de magiques : ce sont des opérations communes. Dans le second cas, il s'agit d'un corps qui n'a rien de visible : c'est l'Astre dans la mesure où il fait « corps » avec moi, selon son pouvoir propre, non limité par le corps élémentaire. En réalité le corps élémentaire ne se réduit jamais aux éléments : toujours les éléments sont aussi pénétrés d'astralité. C'est le corps sidéral qui per-

met au mage d'accomplir des actions dépassant le cours ordinaire des choses.

24. Il s'agit du pouvoir de l'Astre envisagé sans la pesanteur issue des éléments, dans la mesure où l'homme se fait Astre lui-même – devient lui-même étoile, selon l'expression de Paracelse. Les images du sculpteur et du peintre sont indicatives de l'idée qu'une même matière peut recevoir des formes multiples. Moïse transformant un bâton en serpent est un récit biblique, entre autres, qui n'a pas quitté l'esprit de Paracelse lorsqu'il a évoqué cette espèce des opérations magiques.

25. La puissance de l'Astre n'agit pas d'elle-même en l'homme : il faut toujours le secours de celui-ci. Et le secours suppose un *art*, un savoir-faire. Paracelse appelle *scientia* la capacité propre de l'homme d'accueillir et d'utiliser cette force invisible. L'expression *moyen terme* désigne ce point remarquable qui est à la fois accueil et initiative. En effet, sans ce moyen terme l'esprit serait inefficace ; et c'est en l'homme, ce centre, que se produisent les effets magiques. L'Astre y agit, comme le dit Paracelse, « tantôt plus, tantôt moins, différemment en tel homme ou en tel autre » (cf. p. 72). Dans la mesure où l'homme agit dans la plénitude de son adhésion à la puissance de l'Astre, il est mage – mage naturel.

26. Paracelse veut faire entendre que les performances du corps sidéral excèdent notre capacité de les comprendre à partir de notre condition d'être élémentaire : d'une part, ces performances ne sont pas accessibles à nos sens, donc invisibles *(ungreiflich,* écrit Paracelse) ; d'autre part, elles dépassent tout ce que nous pouvons normalement imaginer. Ce n'est qu'en devenant l'Astre même que nous pouvons entendre l'inouï de sa puissance.

27. Ce long développement reprend un exemple classique pour commenter la possibilité de la transformation magique. D'une part, Dieu est présenté comme le potier suprême : il nous a fait, il peut aussi nous défaire à l'instar du potier commun ; d'autre part, il ne le fait pas : s'agissant de magie naturelle, c'est au mage d'opérer. L'exemple lui paraît tellement probant (la *probatio* est, ici, pensée comme *Zeugnis,* comme témoignage) qu'il ajoute qu'il est inutile d'en dire davantage.

De la magie

En fait c'est toujours sur fond du même type de raisonnement que se fait la démonstration : du monde visible et commun est tiré un schéma opératoire (ici les transformations obtenues à partir d'une même matière) qui est ensuite appliqué à un autre ordre de réalité – au monde invisible de l'Astre, ou de l'Esprit. C'est dire que le monde visible n'est jamais anodin : il est visité par la puissance sidérale, plus ou moins ; mais, même faiblement, l'analogie vaut.

28. Il s'agit en l'occurrence de la troisième et de la quatrième espèces des opérations magiques : imprimer une marque, un caractère, à un objet ou à des paroles ; confier un pouvoir à des pierres, etc. En fait la justification annoncée fait défaut, et le raisonnement est dévié vers la justification non des talismans en tant que tels, mais de la magie elle-même : elle est instituée parce qu'il existe un manque, un défaut, dans l'économie de la vie de l'homme. La magie est pensée comme l'analogue du remède.

29. L'idée de manque est constamment présente au sein de la réflexion paracelsienne. En tant que médecin, Paracelse est aux prises avec la maladie et la mort ; en tant qu'homme engagé, il constate la faiblesse des personnes exploitées face aux puissants ; en tant que chrétien, il déplore les pompes extérieures des églises et l'absence d'une vraie vie spirituelle ; en tant que philosophe, il ne cesse de souligner la précarité de l'existence humaine, etc. L'homme est un être de besoin, écrit-il. C'est en mettant face à face et cette précarité foncière de l'homme et la bonté de Dieu, que se pose pour Paracelse une problématique dont la solution n'a jamais été trouvée sur le plan purement naturel.

30. Il s'agit, ici, de la sixième espèce : l'*ars cabalistica* (XII, 84-85).

31. Tout se passage tend à expliquer et à justifier l'art cabalistique qui consiste à majorer et à amplifier les possibilités comportementales communes : aller plus vite, communiquer plus loin, etc. La justification paraît toutefois tautologique puisqu'elle ne repose en fait que sur la distinction du corps élémentaire et du corps sidéral ou spirituel. L'un sait faire *plus* que l'autre.

32. Pour ce qui est des images, il s'agit de la cinquième espèce des opérations magiques : *altera in alteram*. Des images pourraient avoir une

efficience à distance, au bénéfice ou au détriment d'un sujet ; elles pourraient avoir le pouvoir de guérir ou de rendre malade, de paralyser quelqu'un, de le rendre impotent, etc. (XII, 84). « Devienne l'égale d'une comète » signifie : devienne annonciatrice, de façon magique, d'un événement, et de façon aussi rapide, ou aussi imprévisible, que l'apparition d'une comète.

33. Paracelse revient ici sur l'autre espèce d'opérations magiques, celle qui consiste à confier un pouvoir à des objets – à des minéraux, des pierres, des plantes. C'est la potentialisation qui est évoquée, c'est-à-dire la capacité propre à l'acte magique de dépasser dans ses effets la commune mesure.

34. « Plus puissants que l'Astre » veut dire que le mage est à même d'imaginer (de concevoir) des opérations qui conduisent l'Astre à réaliser ce que sans l'homme il ne saurait ni inspirer, ni accomplir. Le mage commande à l'Astre en faisant fond sur tout ce qui, en l'Astre, se trouve en puissance. Grâce à sa foi et à son imagination, il décuple les possibilités de l'influence sidérale. L'imagination perspicace est le commencement de tout acte magique (VIII, 379). Mais il est bien vrai aussi que sans l'Astre, l'homme n'est rien. La suite du texte est explicite à ce sujet.

35. Pour l'intelligence de ce passage il faut se reporter à ce qui a été dit à propos du terme « corps » – corps élémentaire, corps sidéral, corps spirituel.

36. Paracelse porte l'argumentation sur le plan juridique et affectif : nous sommes les enfants de l'Astre, donc nous en avons en héritage les biens, c'est-à-dire les pouvoirs. Mais pour que cet héritage soit effectif, il faut l'amour de l'Astre. Ce terme, que l'on retrouve ailleurs dans l'œuvre de Paracelse (notamment à propos de la relation du médecin à son malade) n'a pas de signification affective ; il est indicatif de la disposition d'un sujet à l'égard d'un autre : vouloir que l'autre (là le malade, ici l'Astre) soit pleinement ce qu'il est, vouloir qu'il existe en lui-même sans considération de mon intérêt, c'est vouloir son épanouissement.

Outre l'amour il faut aussi que le mage soit maître es arts magiques, qu'il en ait la *scientia*. Cette maîtrise représente l'épanouis-

De la magie

sement d'un don, donc l'actualisation d'une disposition que l'Astre a mise en l'homme. L'action est donc réciproque ; la maîtrise c'est l'éclat d'une réciprocité réussie – comme l'est l'anthèse pour la fleur.

Enfin, le terme sage : il est souvent l'équivalent de celui de mage. Paracelse écrit (XII, 85) : « les six espèces [des opérations magiques] constituent ensemble l'art de la magie, et se disent en latin *artes sapientiae* ».

Et il ajoute que les savants de Saba et de l'île de Tarsis ont tenu cet art pour la suprême sagesse que Dieu a donnée à l'homme en sa vie mortelle. « Et seuls les sages qui étaient maîtres en cet art ont été appelés magos ». Seule la magie, dit-il encore, a été tenue pour la plus excellente et indépassable sagesse (cf. *Introd.* p.39).

37. Il faut rappeler que la perception et l'observation d'une étoile extraordinaire est possible selon la magie naturelle ; seule l'interprétation selon laquelle elle annoncerait la naissance du roi des Juifs requiert un don surnaturel.

38. Paracelse justifie à présent la magie à partir des possibilités même de la nature, en insistant sur ses pouvoirs mystérieux et merveilleux à la fois que personne ne comprendra jamais entièrement. C'est de l'étroite relation avec ces pouvoirs que le mage tire son privilège et sa force.

39. Ce passage, qui coule de source, permet à Paracelse de faire le départ entre les deux ordres : l'ordre naturel et l'odre surnaturel. Ce dernier sera explicité dans le Livre II de la *Grande Astronomie* qui traite de « l'activité surnaturelle de l'Astronomie céleste ». Paracelse aurait pu ajouter l'ordre de la foi (du nouvel Olympe) et l'ordre des esprits infernaux.

40. Cf. note 13. L'ignorance, la grossièreté, le byzantinisme, les plaisirs… autant d'obstacles à la sagesse. Le mage s'en tient éloigné.

41. Le terme *étoile* désigne, ici, la complexion particulière que revêt l'influence de l'Astre en tel ou tel individu, et non pas le pouvoir sidéral en général. Il est question ici de la « mauvaise étoile ». Qu'est-ce à dire ? L'influence de l'Astre est présente en chaque être. Mais l'homme est aussi fait d'éléments et n'est pas pur esprit. Cette double origine fait qu'il subit aussi la pesanteur de son attachement terrestre conjointement avec l'appel de l'Astre : il peut céder à ce qui le tire

vers le bas. La conséquence en est l'obscurcissement de la lumière naturelle qui permet à l'homme de reconnaître pleinement la lumière apportée par le Fils. D'où l'idée que les obstacles à la lumière naturelle obscurcissent en fait les *deux* lumières.

42. Paracelse prend la défense de la magie contre ceux qui n'y croient pas ou qui n'y voient que le fruit d'un rêve insensé. Ailleurs il la défend contre ceux qui prétendent qu'elle relève de la sorcellerie – cette défense est parallèle, on peut le remarquer, à celle qu'il fait de l'alchimie contre ceux qui confondent cette dernière avec les chercheurs d'or. Sa défense n'est pas ordinaire : il compare les détracteurs de la magie aux sophistes et aux pharisiens qui disaient du Christ (qui a fait des actes magiques majeurs : des miracles) qu'il était possédé du diable, ou qu'il accomplissait ses miracles avec l'aide de Satan. La comparaison est inattendue.

Toutefois l'archétype du raisonnement demeure le même : les ignorants méconnaissent la vraie sagesse et la dénigrent. Leur aveuglement provient de l'ordre artificiel de l'opinion et de la vaine fantaisie, ce qui ne leur permet pas de savoir distinguer ce qui a un fondement et ce qui n'en a pas.

43. Expression d'un finalisme providentiel qui traverse l'œuvre de Paracelse : la nature a été créée pour l'homme. L'affirmation est toutefois ambiguë, car il ne s'agit pas d'un humanisme au sens banal du terme. Si l'homme est appelé « moyen terme » ou « centre » cela ne signifie pas que tout doit tourner autour de l'homme ; bien au contraire. La nature est avant l'homme. Celui-ci est tiré des éléments du monde. Mais étant là, il a pour vocation de découvrir les mille et une merveilles cachées au plus intime de la création. La nature est donc bien là pour lui, mais c'est pourqu'à travers elle l'homme y découvre Dieu et son œuvre. Et en fin de compte c'est en l'homme que la nature se connaît, car en elle-même elle n'est que pure activité et dynamisme ; et n'a pas conscience d'elle-même.

Dire qu'elle a été créée pour l'homme, c'est comme si l'on disait que l'homme a été créé pour que la gloire de Dieu devienne manifeste. Il y a là une relation réciproque, comme il y en a bien d'autres dans la pensée de Paracelse.

44. La phrase n'est pas claire : il convient de lire : « si d'après l'Ecriture les disciples sont appelés à accomplir plus de choses que le Christ lui-même... ». Le commandement dont il est question est celui prononcé par le Christ exhortant ses disciples à faire de plus grandes choses encore à condition d'avoir la foi. La rédaction du texte est maladroite.

45. La nature ne se repose jamais ; Paracelse n'a cessé de le répéter. Mais son action constante et continue, au regard de ce que le mage en fera surgir, peut apparaître comme un assoupissement. Elle attend d'être réveillée veut dire : elle attend, par la magie, d'être portée à son apogée.

46. Paracelse n'a jamais douté que l'homme a été créé à l'image de Dieu, même s'il n'a cessé de dénoncer la déchéance de l'homme. Pourtant il s'est interrogé à plusieurs reprises sur ce que pouvait signifier le terme d'image, de *Biltnis*. Dieu est immatériel et sans visage ; *stricto sensu,* le terme d'image n'a pas de sens. Que signifie-t-il alors ? Si l'homme est créé à la ressemblance de Dieu cela ne peut évidemment s'entendre que selon l'esprit. Toutefois, d'après la Bible, Dieu a façonné l'homme avec de l'argile, donc avec les éléments du monde, mais l'essence de l'homme est *astrale*. Dieu n'est pas l'Astre. Aussi Paracelse s'est-il-interrogé pour savoir si les vertus des choses, leurs qualités, n'existaient pas de toute éternité, et donc étaient incréées. C'est dire qu'elles seraient, comme Dieu, sans commencement.

    Dans *De vera influentia rerum* (XIV, 215) Paracelse écrit en effet : « [Dieu] a créé les plantes, mais non pas les vertus qui y sont contenues ; car la vertu est *incréée*... Les vertus sont sans commencement ni fin ».

47. L'interprétation des signes fait partie de la magie ; c'en est même la première espèce d'après Paracelse. A plusieurs reprises il s'est débattu avec cette question du *signe*. Il n'y a pas de signe en soi ; une étoile dans le firmament est une étoile, y voir quelque chose qu'elle indiquerait par dessus elle-même, c'est en faire un signe. Le mage est à même de transformer la nature entière en signes : la comète est plus qu'elle-même ; de même les figures formées par les nuages, les halos, les réfractions atmosphériques, etc. Ces *présages* sont d'autant plus facilement perçus comme signes que leur rareté les distingue du cours normal des phénomènes quotidiens. Il ne faut pas oublier non plus que l'époque est à l'affût de tout ce qui est hors norme, à tous

points de vue : les phénomènes tératologiques, les monstres, les fous, les récits merveilleux, etc.

48. Thème redondant. La destination de l'homme est de connaître les merveilles inscrites par Dieu dans sa création, et, par là, de contribuer à la gloire de Dieu. Si l'homme est ainsi fidèle à sa vocation, il est un *saint* selon la nature. Il est ordonné à cette fin comme le marteau est fait pour forger. Malheureusement tout dans ce monde tend à détourner l'homme de sa vocation et l'empêche de connaître les mystères de la nature. L'autre dimension de la vocation est de participer à la lumière surnaturelle, lumière apportée par le Christ – celle-ci est eternelle, la lumière naturelle étant mortelle.

    Dans le *Liber meteorum* (XIII, 153) nous lisons : « Dieu est merveilleux en ses œuvre et en ses créatures. Il a ordonné à l'homme, sa plus noble créature, de connaître tout cela et de scruter la nature pour que se montre toute l'œuvre merveilleuse de Dieu. Car qu'avons-nous à faire sur terre, sinon de parcourir les œuvres de Dieu et de les connaître – et de ne pas passer notre temps avec les choses qui ne relèvent pas de l'œuvre de Dieu ».

49. Une des dispositions fondamentales de la philosophie de Paracelse : la connaissance est une *recherche,* l'homme est ordonnée à cette recherche, et la vérité, qui est au terme, est une lumière qui s'allume en l'homme qui cherche selon la juste voie. L'histoire du monde n'est qu'un long dévoilement, un décèlement : c'est le livre de la révélation naturelle. Chaque découverte n'est qu'un pas vers une nouvelle découverte. L'idée que rien n'est tant celé qu'il ne devienne un jour manifeste, est un principe archétypique de la pensée de Paracelse. Parallèlement à ce dévoilement – qui est positif – Paracelse déplore le mouvement inverse qui tire l'homme vers l'aveuglement.

50. L'argument de ce passage repose sur l'analogie entre l'acte du médecin et celui du mage. L'analogie et la métaphore (prairie du Ciel) sont symétriques : extraction, conservation, administration. Le talisman, petite pierre gravée, relève de ce qui est désigné, dans les écrits de Paracelse, par le terme *caractère* ; c'est aussi bien la marque inscrite dans une gemme que la formule insérée dans un discours. Prononcer une formule magique, c'est se servir d'une forme du dis-

cours, spécifiée et imposée *ne varietur,* pour obtenir un effet ; oublier la formule, donc le caractère, c'est manquer l'effet censé en découler.

51. Il manque ici une explication importante : comment se fait-il que le mage (qui est visité par l'Astre) puisse mal agir ? Paracelse n'est pas très explicite là-dessus. Certes, il y a le Livre IV, inachevé, de la *Grande Astronomie* où il est question des esprits infernaux, c'est-à-dire des forces qui cherchent à détourner l'homme du droit chemin – ce qui n'est qu'une explication très traditionnelle. Mais le mage ? Le mage malfaisant est à penser par analogie avec Lucifer qui, malgré la chute, garde son pouvoir, son intelligence et sa ruse. Le mage maléfique, de même, utilise ses prérogatives pour mobiliser les pouvoirs de la nature, mais cherche à les détourner pour faire du mal à autrui.

52. L'*ancienne* nature : une expression inattendue. Elle renvoie pourtant à une idée émise à plusieurs reprises par Paracelse. Les vertus des simples, par exemple, seraient de toute éternité, auraient préexisté à la création du monde *visible*. (cf. note 46). Cette idée d'une nature contemporaine de Dieu lui-même est, ailleurs, appelée par Paracelse à justifier l'« éternel féminin », c'est-à-dire à la réalité d'où procéderait la Vierge elle-même, la mère de Dieu.

    La puissance de l'Astre fait partie de cette « ancienne » nature, invisible et éternelle. A l'instar de la nature créée, qui comporte été et hiver, l'ancienne nature est pensée comme ayant, elle aussi, des moments d'exaltation (le point le plus haut). Le mage doit savoir « exploiter » ces moments de plénitude. Paracelse conclut à partir d'un signe de la nature visible (été et hiver) à l'existence d'un rythme de la réalité invisible.

53. Le Christ a maudit le figuier parce qu'il ne portait pas de fruit. Ce n'est pas de cette façon que l'homme trouvera la nature ; au contraire, chaque fois qu'il se tournera vers elle, il la trouvera opulente, pleine de richesses. La comparaison avec la cassette de l'homme riche est inattendue.

54. Le *moyen terme,* déjà évoqué, fait partie de la problématique paracelsienne : l'influence de l'Astre a besoin d'un point d'appui pour s'inscrire effectivement dans le monde visible. Ce n'est qu'en ce point d'appui qu'elle revêt forme et figure.

55. Le soleil sert à Paracelse – toujours par analogie, car rien n'est neutre ou anodin dans le monde – à expliquer l'acte magique. Aucun homme, dit-il, ne saurait transférer la chaleur du soleil sur un objet terrestre. Or, le mage est capable d'une telle performance : il sait agir à distance et faire sentir son effet au loin, aussi aisément que ne le fait le soleil par son rayonnement.

56. La gradation c'est-à-dire la majoration d'une influence ou d'une impression, et son élévation à la puissance, est comparée à l'effet d'une loupe ou d'un miroir grossissant. Le mage est capable de porter ainsi à la puissance un acte humain : se déplacer, transformer, parler, soigner, etc.. D'autre part, l'effet du soleil majoré par le verre grossissant est une image de l'acte magique en général : le mage fait *plus* que la nature.

57. Il s'agit de toute transformation conférant, d'une manière ou d'une autre, une forme reconnaissable, une figure (par exemple une figure humaine) à un objet. Ces objets figurés ont toujours joué un rôle important dans la magie, mais ont souvent été utilisés à des fins hétérodoxes par la sorcellerie : figurines, amulettes, fétiches, talismans, etc.. L'intention de Paracelse est précisément de marquer le départ entre magie « justifiée » (orthodoxe) et sorcellerie.

58. L'argumentation, ici, est double : il s'agit, d'une part, de l'analogie avec le remède (qui peut revêtir diverses formes sans pour autant voir altérée sa vertu) et, d'autre part, de la concordance et de la correspondance entre force et forme. Cette remarque renvoie, quoique de façon allusive, à la théorie des signatures. Toutefois la signature n'est pas, ici, l'œuvre de la nature : elle est imprimée par la main de l'homme. Instruit par la nature, l'homme peut imiter celle-ci.

59. Passage peu clair. Comment le Ciel peut-il être néfaste, voire malveillant à l'égard de l'homme ? Nous sommes renvoyés ici à la théorie selon laquelle le Ciel peut être infecté et contaminé. Il est des époques, dit Paracelse, où tout est difficile, où rien ne réussit – comme il est des périodes où tout semble aller de soi. L'explication en est que l'homme par ses actions et par son imagination (cette huitième puissance !) peut contaminer le Ciel. Il y a, ici encore, action réciproque.

60. Paracelse établit (justifie) non seulement la possibilité et la légitimité de la magie, mais encore avance ici l'idée que la magie est *utile* à l'homme. L'homme est un être de besoin, il souffre de ses manques. Il y fait face avec les remèdes et les secours que procure normalement la nature. Mais cela ne suffit pas. La magie est comme un remède d'ordre supérieur *(hohe arznei)*. Le mage intervient dans le monde pour le bien de l'homme.

61. Tout ce passage réaffirme, de façon redondante, la dépendance de l'invisible nature par rapport à l'homme. L'homme et le mage sont ici placés sur un même plan : le mage est-il autre chose que l'homme pleinement conforme à sa vocation ? Le rappel de la parole du prophète fait partie du va-et-vient entre l'Ecriture et la philosophie naturelle, si familier à Paracelse, et si constant.

62. La nature est présentée ici comme une puissance tutélaire et bienveillante, exemplaire. Sa « bonté » est mise en parallèle avec celle du Christ. Sagesse naturelle – sagesse surnaturelle : deux modèles. Ces affirmations contrastent avec ce qui vient d'être dit plus haut (note 59) où il est affirmé que le Ciel envoie de bonnes et de mauvaises influences.

63 Remarque incidente et redondante : on apprend de la nature, non des hommes. Les écoles ne fournissent que la lettre. Celui qui suit la lettre y demeure attaché – et déjà il est mort. Ailleurs c'est la prééminence de la physiologie sur l'anatomie qui est affirmée, du mouvement sur le repos, de l'inquiétude sur la quiétude, etc.. Le privilège accordé au dynamisme par rapport à l'institution se retrouve à travers toute l'œuvre.

64. Il s'agit ici du mage *adepte* dont il a été question au début du texte.

65. Le maître es sciences éternelles ne naît pas de la nature. Il relève du plan surnaturel. Ce maître n'a pas besoin de livres : l'esprit parle directement à travers lui : c'est souvent une personne simple qui ne tire pas de son érudition les déclarations qu'elle profère.

66. Le texte se termine sur une affirmation à la fois d'ouverture et d'irrationalité. « L'esprit souffle où il veut » est une expression tirée de la Bible ; elle traduit le caractère extra-ordinaire de la manifestation. La

comète en est l'illustration : elle apparaît de façon imprévisible et inexplicable ; aussi est-elle signe à interpréter.

Cette puissance irrationnelle est invoquée pour rendre compte de l'inégalité des dons entre les hommes. L'apparition d'un maître qui, par et dans son art, dépasse tous les autres hommes est comparée à celle d'une comète – en raison de son improbabilité, d'une part ; de son caractère extraordinaire, d'autre part.

67. Enfin, c'est pour la plus grande gloire du Seigneur qu'existent et la magie et le mage ; c'est-à-dire – et on ne peut être plus redondant ! – par la magie sont révélées les merveilles que Dieu a célées en la nature, donc en son œuvre.

II

68. Moïse, pour obtenir de Pharaon qu'il laisse partir les Hébreux d'Egypte, fit des prodiges avec l'aide de Yahvé. Mais les mages égyptiens *(les malefici)*, au service de Pharaon, en firent autant (cf. Ex. 7, 8-11). Paracelse attribue l'habileté de ces derniers à l'influence d'esprits infernaux. La magie maléfique se trouve exposée dans le livre IV de l'*Astronomia Magna* intitulé *Astronomia inferorum* (Sudhoff, XII, p.409 et suiv.).

La référence constante au service de la justification de la magie céleste va tout naturellement être le merveilleux *biblique*. Les prodiges et miracles rapportés par l'Ancien et le Nouveau Testament sont reçus par Paracelse comme argent comptant. Jamais il n'a mis en question leur véracité. Certes, Paracelse est réceptif du merveilleux partout où celui-ci est évoqué. Mais où trouverait-on plus de vérité à son sujet que dans le Livre *saint* ?

69. L'art suppose le *savoir-faire*, c'est-à-dire l'habileté et la maîtrise susceptibles de faire passer et d'inscrire la puissance sidérale dans la réalité visible. Le mage selon la nature est cet intermédiaire (ce médium) dont l'office est de concilier – par l'art – le visible et l'invisible.

De la magie

Le mage céleste, par contre, n'est pas tributaire de ce « travail » médiateur : la puissance divine passe à travers lui, directement, sans médiation.

70. La foi, l'authentique, n'admet pas la distance, c'est-à-dire l'interrogation, l'hésitation ou le doute. Elle est *adhésion* pleine et entière. L'attitude d'Abraham (Gn 22, 1-2 : « Seigneur, me voici ! ») est citée en exemple.
Cette foi est la foi en Dieu, adhésion à la volonté divine, sans discussion, ni réserve. Elle n'est pas à confondre avec la foi du nouvel Olympe dont il est question dans le livre III de l'*Astronomia Magna* – qui est beaucoup moins aisée à entendre que la foi du mage céleste dont la disposition fondamentale est une espèce de transitivité. La puissance céleste passe à *travers* lui.

71. Cf. le récit du passage de la Mer des Roseaux dans le livre de l'*Exode* (Ex 14, 21-30).

72. Gédéon, juge d'Israël, est un personnage charismatique qui a combattu les Madianites (XIe siècle avant J.-C.). La veille du combat contre Madian il demanda à Dieu, comme signe de son appel, que le sol demeurât sec alors qu'une toison mouillée y fut étendue – et inversement. C'est ce prodige qui est évoqué ici. Il a abondamment inspiré l'iconographie médiévale et sa symbolique (cf. Jg 6, 36-40).

73. Jonas, prophète d'Israël (VIIIe siècle avant J.-C.). La légende – qui n'en est pas une pour Paracelse – figure au livre de *Jonas* (Jon 2,1-2) : le prophète aurait demeuré trois jours et trois nuits dans le ventre de la baleine.

74. Elisée, prophète d'Israël (IXe siècle avant J.-C.) succéda à Elie qui lui laissa son manteau comme gage de sa protection ; et aussi pour opérer, par son moyen, des prodiges. L'événement évoqué ici se trouve dans le deuxième livre des Rois (2R2, 23-24).

75. Le récit des Rois Mages constitue un exemple majeur pour Paracelse (Mt 2, 1-2). Il l'amplifie en ajoutant que les Mages sont partis de trois contrées différentes – ce qui ne peut qu'accentuer le côté extraordinaire du récit et de leur rencontre. L'événement est, de plus, majoré par la dimension spectaculaire (la foule) que Paracelse lui imprime.

Le récit des « Mages venus d'Orient » est cité et commenté à plusieurs reprises à travers l'œuvre de Paracelse qui n'a cessé d'être fasciné par l'effet surnaturel, si mystérieusement et merveilleusement inscrit dans cet événement.

76. L'expression « foi de la nature » traduit l'idée simple que le monde créé (celui du Père) continue, à tout instant, nonobstant sa spontanéité propre, de dépendre de Dieu. La nature ne « doute » pas, signifie qu'elle n'oppose pas – tout comme l'homme de foi – de résistance à la puissance divine.

Le règne naturel est celui de l'existence d'avant la venue du Christ ; c'est ce dernier qui apporta la dimension surnaturelle.

A l'appel de Josué le soleil s'est arrêté pour assurer la victoire des Israélites sur les Amorites, à Gabaôn – et non Gébéon comme mentionné par le texte de Paracelse, (Jos 10, 12-15).

77. *Magia beata* : la béatitude et le salut ne sont devenus possibles qu'avec la venue du Christ. L'histoire du monde est ponctuée par cet événement. Le sage de l'Antiquité, le païen, relève du règne de la nature ; le chrétien, par contre, a accès au règne de la surnature.

78. Samuel sert ici d'exemple pour tous ceux à travers qui Dieu manifeste sa puissance. La mention de Samuel est toutefois erronée : il s'agit de *Simon Pierre* (Mt 14, 28-30) d'après le contexte : ses compagnons continuèrent à naviguer en barque.

Le merveilleux, ici évoqué, n'est pas un accident, mais symboliquement l'attestation de la présence de Dieu dans le cours du monde des mortels, et de la visitation par lui des meilleurs d'entre ces derniers.

79. Les saints, dont Paracelse justifie ailleurs l'invocation (cf. *Evangile d'un médecin errant*, Paris, Arfuyen, p. 54-60), sont censés « vivre », avant le Jugement dernier, une existence intermédiaire : débarrassés de leur enveloppe terrestre, ils continuent néanmoins à vivre (de façon invisible) de concert avec les vivants, jouissant de surcroît d'une meilleure connaissance de ceux-ci : ils pénètrent les reins et les cœurs de ceux qui les invoquent. Leur action est par conséquent plus clairvoyante.

Cette remarque de Paracelse peut être comprise comme un écho aux théories de ses contemporains, notamment d'Agrippa, qui admettaient l'existence de multiples intermédiaires (anges ou démons) que le mage pouvait solliciter pour obtenir l'effet désiré. Paracelse a toujours refusé ces intermédiaires : la puissance divine passe par le mage, directement, sans intermédiaire.

Les saints sont pensés ici sur le modèle du mage, canal de l'efficience divine. La remarque de Paracelse demeure néanmoins ambiguë : on passe de l'idée de mage – bien définie – à celle du saint qui ne relève pas forcément de la même logique.

80. Passage malhabile et embarrassé, et peu clair, qui ajoute peu de choses à la justification de la magie céleste. Certes, la puissance divine passe par le saint lorsque Dieu le protège contre ses persécuteurs ou contre la misère ; il demeure dans la main de Dieu, comme le mage céleste. Mais on ne voit pas pourquoi Paracelse trouve utile d'ajouter qu'il n'est pas bon signe de se laisser surprendre par l'adversaire. De qui, de quel naïf parle-t-il ?

81. Ailleurs les Juifs sont désignés comme peuple n'ayant pas su promouvoir une authentique philosophie de la nature. Ici, par contre, ils sont montrés comme peuple frappé de cécité, parce qu'ils ont méconnu le message du Christ pourtant présent parmi eux. La malédiction qui pèse sur ce peuple serait l'effet de cette méconnaissance. Mais Paracelse ne fait que répéter ici, sans critique, ce que l'enseignement religieux de son temps lui a appris.

82. La présence de la puissance divine est attestée également par des phénomènes extra-ordinaires, tels les tremblements de terre ou les déluges. Il ne s'agit plus de magie céleste telle qu'elle a été définie, mais simplement de l'intervention de Dieu dans le cours ordinaire du monde. Ces phénomènes sont à interpréter : ce sont des *signes,* c'est-à-dire des faits qu'il faut savoir lire par-delà les phénomènes mêmes.

Dieu est déjà présent dans la nature par ses mystères et ses merveilles, de façon régulière et constante. Il est question, ici, d'intervention extra-ordinaire, sur-narturelle. En ce sens il existe un rapprochement possible avec la magie céleste ; mais il n'est plus question ni de mage, ni de saint.

Notes et commentaires

III

83. La connaissance authentique relève de la magie. Celle-ci est entendue ici comme perception de l'invisible ; non seulement de l'invisible comme puissance, mais aussi comme force *spécifiée* et *différenciée*. A ce propos Paracelse a recours à l'idée et à l'image de l'anatomie : si l'anatomie physique nous instruit de la nature et de la disposition des organes à l'intérieur du corps – ce qui n'est pas visible directement par nos yeux de chair – la magie nous fait voir pareillement, dans les remèdes par exemple, les vertus qui y sont cachées, et quelles elles sont.

84. L'office des exemples cités est de montrer que dans le Ciel, dans la puissance sidérale (qui échappe à la vue), se trouvent célées des forces aussi mystérieusement que l'est le feu dans le silex. C'est pourquoi le vrai médecin sait que ce qui guérit n'est pas le corps visible (la matière du remède), mais la vertu qui l'habite. Voir cela (*via* la lumière naturelle) est une opération magique.

Le paragraphe suivant ne fait que développer cette idée. Les noms d'Avicenne et de Galien sont indicatifs de la chose *écrite*, c'est-à-dire de la prétention des écoles d'enseigner la médecine : elles le font du *dehors,* hors de la vision directe de l'invisible nature.

85. Affirmation majeure et récurrente dans l'œuvre de Paracelse : si tous les livres du monde disparaissaient, la lumière naturelle (l'inspection magique de la nature des choses) nous apprendrait à nouveau, et davantage encore, tout ce qui s'y trouvait écrit.

86. Rappel de l'« anatomie » des différents membres de l'*Astronomie* et des espèces de la magie. Cf. Introduction : l'*Astronomia Magna*.

87. Remarquable paragraphe sur la vocation de l'homme sur terre – et aussi sur ses déviances.

La connaissance qui est visée ici n'est pas le savoir rationnel des Temps Modernes, mais la connaissance magique. C'est un leitmotiv chez Paracelse que d'affirmer et de répéter : la connaissance authentique (dans la lumière de la nature), lorsqu'elle a lieu, fascine tellement son bénéficiaire qu'il n'a plus d'yeux pour autre chose. Aimer, pour Paracelse, signifie : être tout entier à la chose connue parce qu'en elle se révèle le « fascinant », c'est-à-dire les merveilles de la création.

Le paragraphe suivant développe l'idée, et conclut que le médecin qui ne sait pas voir ainsi – par magie – est aveugle : il n'agit pas, il tâtonne. C'est un médecin errant (cf. titre de l'ouvrage).

88. Paracelse se sert ici de la métaphore de l'image pour éclairer sa position. L'image est chose *morte* (« il n'y a pas de vie en elle »), par opposition à la spontanéité de la nature et à la vertu dynamique de la puissance sidérale. Ailleurs il opposera l'anatomie à la physiologie. Ce n'est donc pas la dimension mimétique de l'image qui est ici en cause, mais son aspect statique, non créateur, non révélateur.

Lorsque l'image n'est pas utilisée de façon métaphorique, elle prend une autre valeur : elle devient, dans la magie des caractères, réserve de pouvoirs. En effet, le mage peut inclure dans la pierre, dans l'image, dans un *caractère* donné des pouvoirs, à l'instar du créateur qui installe des vertus spécifiques dans une plante, par exemple. Le terme de *gamaheu* renvoie à cette capacité !

89. Paracelse fait référence à l'exposition, dans l'*Astronomia,* des formes de la magie comme capacité de découverte. La connaissance magique est vision ; étant vision elle est aussi organe de découverte.

Paracelse pour qui la philosophie est découverte de l'invisible réalité, pense cette dernière comme chose à découvrir, et non comme réalité créée par la vision même, c'est-à-dire par l'acte de connaître. Toutefois, ce réalisme de l'invisible n'est ni substantialiste (il s'agit de force, non de substance), ni statique ; en effet, la puissance invisible est création constante, pur devenir. On ne peut donc connaître une fois pour toutes – la nature étant tous les jours nouvelle. Cette irrépressible force du temps est un argument supplémentaire pour dénoncer la référence constante que font les savants de son temps (les Humanistes) au savoir « sacré » des Anciens.

90. Étonnante valorisation de l'Orient ! Le soleil levant est annonciateur de bien ! Dans le texte suivant (IV), Paracelse évoque les Égyptiens et les Perses, hommes du Levant ; ils ont été les premiers, dit-il, à reconnaître la puissance du Firmament.

Notes et commentaires

Rien de bon ne nous vient du Septentrion ! – affirmation symétrique de la précédente. Paracelse fait écho au sentiment populaire qui valorise négativement le soleil couchant, annonciateur de ténèbres et d'insécurité. Mais sa remarque revêt une autre tonalité : l'affirmation est ici symbolique, et, vu le contexte, magique.

91. Le sanglier parcourt les champs au hasard à la recherche d'une nourriture, qu'il trouve ou ne trouve pas. Le médecin errant fait de même : il trouve un remède par hasard et non par « inspection de la subtile nature ».

Le paragraphe se termine par le rappel des « livres » dans lesquels le vrai médecin doit s'instruire : l'invisible nature, en ses secrets et ses merveilles – champ de découvertes sans fin.

IV

92. Esquisse d'une histoire : celle de la *dégradation progressive* de la connaissance et des arts. Le temps est-il essentiellement destructeur, comme le pensait Aristote ? Les arts furent étonnants au départ, mais, avec la disparition des premiers mages, ils ont peu à peu perdu pouvoir et pertinence. Le paragraphe qui suit rappelle que c'est de l'Orient que sont venus les mages, les premiers donc qui conçurent la magie comme transfert de la puissance sidérale dans un corps élémentaire – celui d'un l'homme ou celui d'une chose.

93. La puissance sidérale (céleste) n'est ni neutre, ni homogène. Le mage sait en discerner les constellations et les qualités ; il sait donc aussi où le Ciel dirige ses flèches, c'est-à-dire son influence. Mais comme il est à même de canaliser ces pouvoirs, il est également capable d'éviter la flèche qui fait du mal.

Le terme de *gamaheu* (qui revient souvent) renvoie aux gravures *(caractères)* imprimées à un objet, notamment à des pierres. De telles pierres existent encore, dit Paracelse. Mais il ajoute que le Ciel, aujourd'hui, n'est plus le même que jadis : sa puissance en effet se modifie, jour après jour et sans cesse ; il convient par conséquent de réaliser de nouvelles gravures en rapport avec les forces sidérales d'aujourd'hui.

94. Paracelse estime que l'on a confondu magie et sorcellerie parce qu'on a méconnu l'essence même de la magie ! En effet, lorsque l'on perçoit les choses du *dehors,* c'est-à-dire lorsqu'on envisage uniquement de la magie ce qui en paraît aux yeux, on peut être tenté de voir l'essentiel de l'opération dans les rites et les formules. D'où les déviances : signes de croix, conjurations, cérémonies, etc. Agrippa, dans sa *Philosophia occulta* a largement décrit cette *magia ceremonialis* que Paracelse rejette.

Ce qui est affirmé en ce paragraphe est étrange, dira-t-on. Paracelse a-t-il pu un instant croire en de tels pouvoirs installés dans la pierre, attachés à la formule, liés à l'image ?

La question est mal posée, car nous la posons à partir des évidences d'aujourd'hui. Pour Paracelse, qui cherche à définir et à circonscrire le champ légitime de la magie (par opposition aux déviances), la croyance en l'efficacité du caractère gravé dans la pierre est cohérente avec son univers de pensée ; et cette pensée elle-même est cohérente avec elle-même ; les affirmations qui y sont produites sont constamment « justifiées », par exemple au moyen du raisonnement par analogie : comme il existe une vertu cachée dans la persicaire, il peut mêmement en exister une dans la pierre ; simplement pour la persicaire, c'est Dieu qui l'y a mise, pour la pierre c'est le mage qui y a transférée une partie de la puissance sidérale.

95. Il arrive souvent à Paracelse d'esquisser des distinctions et des partitions au cours même de son exposé : classes, ordres, familles, etc.. Il propose ici une tripartition dans l'ordre de l'éfficience thérapeutique : il y a les remèdes administrés *via* un *corps* visible (la persicaire, par exemple – étant entendu que c'est la force sidérale qui guérit et non l'élément corporel) ; il y a, ensuite, les effets attachés aux *caractères,* aux *formules,* aux *images,* aux *gamaheos,* etc. ; il y a, enfin, les interventions où le *sidus* est actif grâce à la *foi* (des actes magiques tout à fait « immatériels »).

Dans l'*Astronomia Magna* ces distinctions se trouvent reprises et sont davantage élaborées ; les *espèces* de la magie y figurent au nombre de six (cf. Introduction). Il convient toutefois de relativiser ces distinctions et énumérations : elles n'ont rien d'exhaustif, ni de définitif ; elles se contentent, à l'occasion, de jeter une lumière sur les manifestations multiples de la magie.

96. La validité du remède dépend de la *concordance* – concordance entre la maladie et le remède ; concordance entre le remède et le malade, etc. Le vrai médecin sait établir cette relation selon la juste mesure.

    Mais il se peut aussi que le remède n'est pas à même de guérir, faute de cette mesure, lorsque le mal envoyé par l'Astre est plus fort que le remède. Le médecin doit alors savoir reconnaître sa limite ; la peste peut servir d'illustration.

    Rappelons que dans le *Volumen Parmirum* Paracelse évoque les maladies envoyées par Dieu *(ens Dei)*. Le médecin est impuissant devant cette intrusion divine dans le cours des choses qui demeure inintelligible pour lui, mystérieuse ; elle ne vient ni de l'Astre, ni de la constitution, ni de la concordance : elle est là, sans raison.

97. Les signes de croix n'appartiennent pas à la magie : Paracelse revient une ultime fois sur la distinction entre magie et sorcellerie. Distinction capitale qui conduit à circonscrire et à définir – à l'instar de Marsile Ficin – le champ propre de la magie, c'est-à-dire celui des opérations et des actions ayant une spécificité, et se distinguant de ce qui n'est que clinquant et fausse monnaie. Cet effort prépare, avant la lettre, la définition du domaine propre de la légalité naturelle. Il a par conséquent dans l'histoire de la pensée une tout autre valeur que celle d'un simple enjeu polémique.

98. L'homme est *de* la nature, mais il n'a pas créé la nature. Son intelligence rencontre le fait massif du *déjà-là* ; sa conscience s'ouvre progressivement sur les forces mystérieuses et secrètes qui la *porte*. Le merveilleux est dès lors pensé comme ce qui dépasse les possibilités mêmes de cette conscience ; car plus l'intelligence scrute et approfondit les dispositions intimes de la nature, plus elle en découvre la perfection. *Omne donum pecfectum a Deo.*

Post-scriptum

Nous avons accompagné Paracelse sur le chemin qu'il a suivi pour justifier la magie. Certaines *implications* remarquables de cette problématique méritent d'être relevées.

a) *Le mage, révélateur d'une philosophie de l'histoire implicite.* Les expressions « les premiers mages », « les premiers astronomes » résonnent comme le rappel d'un âge d'or. Ce disant Paracelse se réfère à un état mythique préexistant, passé, pour condamner un état présent jugé dégradé.

En fait l'argumentation de Paracelse repose sur la constatation de la *rareté* de l'acte magique authentique. Cet acte suppose, en effet, la complicité du mage avec la source de tout art, avec l'Astre.

Tout se passe comme si les produits de la civilisation empêchaient l'homme de connaître encore cette intime relation. Lorsque Paracelse dénonce ces effets néfastes, il utilise des expressions à connotation morale – c'est souvent un langage qui rappelle celui des prédicateurs. Mais qu'on ne s'y méprenne pas : tandis que les prédicateurs voient dans les comportements licencieux des fautes et des péchés, des manquements à la loi instituée par Dieu, chez Paracelse la connotation peccamineuse passe au second plan. Il voit moins la faute dans les conduites corrompues de ses concitoyens que leur *effet* sur la capacité de connaître : elles obscurcissent la lumière de la nature, elles empêchent l'homme d'être à sa vocation.

En effet, lorsque Paracelse parle des écoles, des livres écrits, des honneurs, des cérémonies, il voit dans la civilisation l'apparition progressive d'un *écran* qui non seulement empêche de voir, mais encore – et c'est plus grave – fait oublier la vocation elle-même. Cet oubli majeur lui paraît à ce point « sacrilège » qu'il ne cesse à longueur de pages de proférer condamnations, injures, invectives : contre les médecins qui confondent leur art avec les honneurs, contre les pasteurs qui se perdent en cérémonies et vaines prescriptions, contre les érudits qui s'attachent aux écrits des Anciens – toutes condamnations qui, mises bout à bout, constituent un immense écran (par rapport à la lumière) concomitant de la déchéance progressive de l'homme par rapport à sa vocation.

Dans cette philosophie implicite de l'histoire, le mage occupe une place particulière : il est pensé comme l'idéal-type de l'homme des *débuts* et de la *fin*. Les premiers mages réalisaient l'accord parfait de l'homme et de la nature, chez les païens ; puis entre l'homme, la nature et Dieu, après la venue du Christ. Mais plus l'homme se détourne de sa vocation et même oublie sa vocation, plus le mage, par sa rareté même, désigne la déchéance des temps présents. C'est la *renovatio mundi* à venir qui installera de nouveau l'homme dans sa plénitude : le mage est aussi à venir. Mais entre l'avant et l'après, Paracelse pousse un grand cri.

b) *Magie et science.* La science – surtout l'idée que nous nous en faisons – permet *aujourd'hui* de refuser les faits merveilleux qu'on nous présenterait titre de la magie. Ce n'était pas le cas du temps de Paracelse ; un fait, alors, était un fait, comparable à tout autre

Post-scriptum

fait, mais en aucun cas réfutable. Au nom de quoi aurait-on pu nier ou récuser un fait ? De plus, il s'inscrivait dans l'air du temps et répondait à une confuse attente des esprits. La nature était pensée comme force vitale et magique sans cesse surprenante – conçue un peu à la manière du jaillissement intérieur qui, *en nous*, fait surgir des idées et des images à chaque instant différentes.

Le propre de la science moderne est d'avoir fourni le cadre et la procédure qui permettent de censurer les faits « magiques », de les dissoudre à partir de la représentation que nous avons des choses. Nous définissons la nature, son essence et sa légalité, avant même que nous en fassions l'expérience : tout phénomène se présentant devra être conforme à cette définition – ce qui fait qu'en principe tout est rationnellement explicable ; et, à terme, tout sera expliqué. Les puissances occultes, soupçonnées ici ou là, ne sont que l'effet de l'ignorance, ou, au mieux, du caractère limité de notre capacité présente d'analyse.

La grande coupure passe par ce changement « copernicien » de notre relation au monde. La foi en la science transforme le fait magique en phénomène irrationnel. Pour Paracelse la magie n'est pas irrationnelle ; son effort consiste au contraire à la rendre *rationnelle* à l'intérieur de *sa* vision du monde. Pour nous l'irrationnel c'est ce qui résiste à l'idée d'une explication rationnelle, ou qui y contredit – pour Paracelse, l'irrationnel c'est ce qui résiste à son explication du monde à lui ; en l'occurrence c'est le mal, ce grain de sable au sein de la création.

L'autre effet remarquable de la science fait que les multiples usages et comportements propres à la vie sociale et individuelle d'aujourd'hui – envoyer des vœux, porter des talismans, consulter des voyants, jeter des sorts, croire aux revenants, faire tourner des tables, etc. – ne sont plus que de pâles reflets de croyances passées. La science moderne a fait son œuvre. Elle n'a peut-être pas supprimé toutes les pratiques magiques anciennes, mais elle les a privées de conviction ; elles ne reposent plus sur d'authentiques croyances, ce ne sont plus que des usages, sceptiques ou amusées, à l'ombre de la science. Tout se passe comme si la science représentait (pour les esprits avertis) la vision diurne du monde, pendant que les phénomènes encore inexpliqués constitueraient ce fond nocturne, sans transparence, auquel la science se trouve adossée et que la lumière du jour est appelée à dissiper.

Par rapport à Paracelse nous nous trouvons manifestement ailleurs. Mais cela ne nous empêche pas de penser que le monde rationalisé d'aujourd'hui est peut-être en manque de ce qui trouvait en Paracelse son expression. Il est évident que nous ne pouvons sauter hors de notre temps, ni hors de notre logique, mais il nous est permis de nous demander si notre époque, si brillante et si performante, ne refoule pas quelque chose d'essentiel et qui, précisément, trouvait à se dire dans un langage qui ne saurait plus être le nôtre.

c) *Entre Dieu et Satan*. Le Christianisme est tard venu en pays germaniques. Le paganisme, qui y était endémique, n'avait pas été entièrement éradiqué. Dans ces conditions comment y lisait-on la Bible ? Certes, comme une histoire édifiante ; mais en même temps comme une histoire encombrée de luttes, et de forces contraires s'affrontant ; d'interventions divines aussi : guérisons, apparitions, transfigurations, lévitations, résurrections et autres prodiges en témoignent. L'imaginaire de Paracelse en fut nourri ; il n'a jamais douté de l'authenticité des phénomènes extraordinaires relatés dans le Livre saint.

Mais voilà le paradoxe : Paracelse a rejeté *tous* les livres, sauf celui-là ! Qu'est-ce qui a pu le conduire à faire cette exception ? Le contenu (merveilleux) du Livre saint ? Son éducation religieuse ? Sa foi qui, déjà, semblait vouloir aller au-delà de toute parole enseignée ? Peut-être tout cela à la fois.

Post-scriptum

Une chose est certaine : Paracelse estime que tous les livres sont à brûler car ils ne contiennent que des affirmations passées, donc dépassées. L'Ecriture seule délivre une parole *actuelle*. L'actualité de l'Evangile est aussi patente pour Paracelse que la spontanéité chaque jour actuelle de la nature. En ce sens le Livre saint se démarquerait, *et lui seul*, de tous les autres.

En est-il vraiment ainsi ? Le message des Ecritures n'est-il pas, lui aussi, à interpréter toujours à nouveau, à décrypter – *donc à rendre actuel* ? Le travail considérable de commentaire des *Psaumes*, accompli par Paracelse, ne consiste-t-il pas à chercher un autre texte derrière le texte, un texte peut-être moins clair, mais plus authentique ? Le texte écrit, même biblique, n'est-il pas, pour Paracelse, un peu court ? L'on sait que la fidélité qu'il revendique n'est pas la fidélité à l'enseignement d'une église. Le « travail » qui s'opère en lui, vers la fin des années 30, le met en quête d'un message d'un autre ordre – d'une foi nouvelle, non liée à la lettre : une fois *sécularisée*. Nous avons déjà noté la faiblesse de l'argumentation concernant le mage céleste interprété à partir de la parole de l'Ecriture. Il est évident que Paracelse ne pouvait pas, sur ce chemin, aboutir à un renouvellement de la problématique. La conception du mage du nouvel Olympe était attendue après ces percées vers un au-delà du texte.

Or, tout serait simple s'il n'y avait un trouble-fête : Satan. Paracelse, élevé dans la crainte du Malin, se fraye un chemin incommode entre Dieu et Satan – deux figures éminemment bibliques, deux figures ambiguës, non définies. Non définissables ? Il arrive à Paracelse d'afficher un certain manichéisme dans les développements qui ont trait aux puissances infernales – comme s'il existait un anti-Dieu. Ce n'est pourtant pas le cas : les mauvais anges demeurent des anges. Un accident les a privés de la contemplation de Dieu ; comme éblouis après avoir contemplé le soleil, ils se trouvent aveuglés.

L'explication pourtant ne satisfait pas Paracelse. En effet, aveuglés, ils agiraient simplement à tort et à travers. Ce n'est pas le cas. Satan n'est pas une girouette : il cherche à faire le *mal* systématiquement, avec constance. Cette constance intrigue.

Le plus souvent Paracelse imagine ce mal comme extérieur à l'homme ; l'homme se trouverait confronté au mal comme à une force étrangère à son être. Il lui arrive pourtant de penser aussi que le mal est *en* l'homme, qu'il est intérieur à l'homme. L'enfer, écrit-il, n'est pas en dehors du centre, [donc en dehors de l'homme] mais en l'homme, là où il vit et non ailleurs (XIII, 260). Dès lors le mal devient une composante de la volonté humaine. Satan s'est intériorisé. Mais cet aspect, plus révolutionnaire, n'a pas été développé plus avant. On peut le regretter, car l'idée du mage maléfique revêtirait un tout autre intérêt.

Mais revenons, une fois encore, à la foi du nouvel Olympe. N'est-elle pas un engagement par delà le bien et le mal, donc par delà Dieu et par delà Satan ? Y a-t-il une voie viable entre ce qui a été institué par Dieu (par le Dieu qui a parlé) comme *bien*, et ce que Satan, puissance de l'ombre, nous insinue comme *mal* ? L'homme est-il à même de s'avancer vers ces régions où la Loi n'a plus cours : vers le nouvel Olympe ? Le nouvel Olympe n'est pas l'ancien Ciel dont parlent si savamment les théologiens (Paracelse se moque de leur discours), mais un nouveau Ciel qui ne parle et dont on ne parle. A bord de cet Olympe – si haut ou si abyssal ! – le bien et le mal ont perdu sens et pertinence. L'homme s'y rapproche du « géniteur » du monde.

Illustrations

- Détail du frontispice du tome I de l'*Utriusque Cosmi… Historia* de Robert Fludd (1617) 6
- Frontispice de l'*Astronomia Magna* (d'où sont extraits les textes I et II) 8
- Représentation symbolique d'une force sidérale invisible (*mercure*) 68
- Début du texte de la *probatio* de la magie naturelle 70
- Page de titre du *Labyrinthus* (d'où est tiré le texte III) 90
- Frontispice de l'ouvrage de la *Grosse Wundarznei* (d'où est extrait le texte IV) 108
- Détail du frontispice de *Propheceien und Weissagungen* de Paracelse, 1537 110
- Détail du frontispice de l'ouvrage *Prognostication* de Paracelse, Augsbourg, 1536 136

Table des matières

Avant-propos 5

Introduction
   Cette autre vision du monde 9
   L'Astronomia magna 17
   L'homme 21
   Le mage 25
   La magie 29
   L'action magique 33
   Les espèces 36
   Le mage céleste (II) 39
   Le mage du nouvel Olympe (III) 45
   Quelle est la nature de cette foi ? 49
   Le mage maléfique (IV) 53
   Les textes 57
   L'enjeu 63

Textes
   I. Justification de la magie naturelle 71
   II. Justification de la magie céleste 91
   III. *Labyrinthus* (extrait) 97
   IV. *Die grosse Wundarznei* (extrait) 103

Notes et commentaires 111

Post-scriptum 137

Illustrations 143

Table 145

Ce livre a été composé en Adobe Garamond
et tiré à cinq cents exemplaires
sur Vergé Édition ivoire
sur les presses de l'Imprimerie Darantiere
à Dijon-Quetigny

N° d'impression : 98-0446
Dépôt légal : 2ᵉ trimestre 1998